生活科普教育丛书

主编　周建中

奇趣科学
实践园

周建中　王　婉　主　编
刘忆婷　张　鑫　副主编

上海科学技术出版社

图书在版编目（CIP）数据

奇趣科学实践园 / 周建中，王婉主编. -- 上海 ：
上海科学技术出版社，2023.9
（生活科普教育丛书 / 周建中主编）
ISBN 978-7-5478-6267-4

Ⅰ. ①奇… Ⅱ. ①周… ②王… Ⅲ. ①科学知识－少
年读物 Ⅳ. ①Z228.1

中国国家版本馆CIP数据核字(2023)第137262号

生活科普教育丛书
主编 周建中
奇趣科学实践园
周建中 王 婉 主 编
刘忆婷 张 鑫 副主编

上海世纪出版（集团）有限公司
上 海 科 学 技 术 出 版 社 出版、发行
（上海市闵行区号景路159弄A座9F-10F）
邮政编码 201101 www.sstp.cn
上海光扬印务有限公司印刷
开本 889×1194 1/16 印张 9.75
字数 200 千字
2023 年 9 月第 1 版 2023 年 9 月第 1 次印刷
ISBN 978-7-5478-6267-4/N·260
定价：68.00 元

生活科普教育丛书

编 委 会

科学顾问

杨焕明

教育顾问

（按姓氏笔画排序）

王铁桦　冯景华　安锡培　张瑞芳　陈　敬　赵伟新

编　委

（按姓氏笔画排序）

万立荣　仇虹豪　王　婉　王荣胜　王晓燕　朱小颖
汤寒芳　李　伟　肖明杰　张　鑫　张盛夏　陈先锋
陈金香　周孝勇　周建中　屈　强　施　展　赵　渝
赵小华　倪友晟　钱佳文　黄见远　道　理　瞿　超

主　编

周建中

《奇趣科学实践园》

编委会

序 一

20 多年前，中国科普研究所的一项关于中国公民科学素养的调查显示，我国公民达到基本科学素质水平的只有 0.2%，与欧共体国家相差 21 倍，与美国相差 35 倍。至 2015 年，我国具备科学素质的公民比例达到了 6.2%，缩小了与西方主要发达国家的差距。上海、北京和天津的公民科学素质水平分别为 18.71%、17.56% 和 12%，位居全国前三，已经达到了美国和欧洲国家世纪之交的水平。

从这个角度来看，20 年来我国的科学教育取得了很大的进步。然而，尽管我国的科学教育进步明显，但还是存在一些问题。比如，有些学校里会用一些非科学的方法来传授科学知识。科学需要做实验，需要探究，而我们的科学老师喜欢用传统的授课方式来讲道理，不喜欢用实验来证明，自认为那样太浪费时间。事实上，人在动手的过程中才更能塑造大脑，才能培养实践和探究的能力。我在美国费城观察过他们的小学生科学课程，那些孩子一个月时间里的上课内容，也许在我们的课堂上花一节课就讲完了。费城的孩子们每天要上两个小时的科学课，他们带着妈妈的口红和巧克力等来动手做实验，把各种不同的东西溶解在水、丙酮和酒精里，观察其中的变化。最后，孩子们会把成果展示出来。尽管有的很可笑，但这就是科学课该有的样子。学生多样化的表达中也展示出了创新思维发展的多种可能。

创新的本质是多样化。学习是塑造大脑的过程，不同的学习过程、学习内容、学习方法以及学习程度会在大脑中形成不同的神经回路，而这些不同的神经回路代表着不同的知识结构和思维方法，从而使人对同样的事物产生不同的看法，对相同的问题产生完全不同的解决思路：这就是创新的基础。创新不是因为智商高，而是因为大脑及思维的不同。创新是人的本能，每个人都能创新。创新思维的培养离不开实践，“观察自然中的现象、用生活中的材料来设计和实施各种实验”不失为一种好方法。生活中有着多种场景，多样化的情境，我们将日常生活的自然现象和孩子们日常生活中的问题转化成科学探究的小课题，利用生活中材料，带领孩子们去经历“发现问题—提出假设—查找资源—设计实验—开展研究—得出结论—评价论证”的科学探究过程。通过体验式学习和情境化教育，孩子们不仅获得了科学知识，培育了创新思维，还涵养了科学素养。

丛书主编周建中老师，是一名勤学务实的一线教育工作者。他长期深耕于科学教育实践中，有着深厚的实践经验和研究基础，其倡导的生活科普教育，十分适合中小学生开展科学探究之需要。怎样才能将“五育并举”的教育目标落实到常态化的课外校外拓展活动之中，需要教育方式的转变和升级。在这样的过程中，生活科普的实践性和实用性也更加凸显出来了。周建中老师及其团队不仅在教学中实践生活科普，还在《科学画报》趣实验专栏、“带着孩子学科学”微信公众号和“生活科普公益苑”上发表、推送及分享相关科学教育的案例，把生活环境作为孩子们广阔的科学学习天地，为青少年朋友传播科学思想和方法做了有益的尝试。

本套丛书是作者及其团队长期实践生活科普教育的智慧结晶，先期创编的“奇趣科学”系列读本涉及生命科学、物质科学和技术工程等领域的百余项活动主题，十分有趣且非常实用。书中有几点让我印象深刻：一是书中设置了生活中的发现、任务要求、我的设计、给你的参考、继续实践、知识链接及活动评价等要素，呼应了科学探究活动的相关环节，每个活动配有一个数字化实验视频，让学习内容更加立体化、具象化。二是本书将科学课标的要求分步落实到了日常的观察与实验之中，结构更加合理，学习过程也更加贴近学生认知。三是在自我评价的设计中，加入了科学学科素养的测评要素，突破了对学生进行科学素养评价的一些难点，克服了简单纸笔测试的痛点。这些对于教育评价方式改革也有很好的启发。

科学素养是创新型人才成长的基础，提高少年儿童的科学素养远非一日之功，更需要与时俱进的教育方式和路径。由科学而达至修养，是德国古典大学中的一条教育原则，意在科学本身具有涵养品质和促进修养的作用，是修养的必由之路。我们可否与周建中老师一起，以科学的名义，在孩子们心中播下创新的种子，为他们营造更好的学习环境，陪伴他们去经历更多的探索，让日常化作有趣，让思考成为智慧，让发现成为奇迹，用创新改变未来。期待着这套承载着智慧和创造的生活科普教育丛书，以更加多彩的创作形式，走向孩子、走向家庭、走向学校、走向社会，让科学思想和科学方法的传播更加灵动起来……

2020 年 5 月

序　二

教育从娃娃做起，科学更要从娃娃做起！

有关未成年人的科学教育在《全民科学素质行动计划纲要》中占据了极其重要的地位。那么如何开展好科学教育？教育工作者首先要保护学生的好奇心和求知欲，积极开展探究性学习，让学生能从个体生活、社会生活及与大自然的接触中获得丰富的实践体验，逐步提升对自然、社会和自我之内在的整体认识。科学教育不是狭隘的，它是全人教育中极为重要的手段和途径。

我国《义务教育小学科学课程标准》把科学课从小学三年级调整为小学一年级开始上课。在《美国国家科学教育标准》里也非常明确地指出，要科学地认识世界必须有3个要素：事实依据、逻辑关系和审辩性思维。当科学学习的重要性、迫切性以及相关目标清晰明确地摆在教育工作者的面前时，长期从事科学研究和教学的周建中老师提出了“生活科普”的教育理念，即“观生活中的现象、用生活中的材料、探生活中的科学，在实验室之外也能进行科学实践，从而普及最直接、最深刻的科学方法和思想”。的确，一切科学知识都是从自然实际中而来，只要充满好奇心，生活中就会处处是发现，处处是问题。孩子们学习科学不能在纸面上打转，还必须把日常生活和科学道理紧密地连接在一起。

当然，对科学的学习是需要一个过程的，如果将这种过程融汇于一个个充满乐趣、挑战的动手过程中，通过孩子动手操作、动脑思考，激发孩子们潜在的求知欲、探索欲及创造力，让他们不断对自己的生活和周边的世界进行观察、发现、尝试及思考，鼓励他们用科学方法解决问题，这样的学习方式应该就是孩子拥有科学素养、体会科学魅力的最佳方式了。

本套丛书简洁通俗，它可以作为少年儿童的科普读物，又可以作为科学学习的指导用书。书中的小实验按照“寻找材料、设计图、实验方案、问题处理、实验报告、继续实验及宣传海报”的任务方式，每一步都精心设计、环环紧扣，根据学生的学习和认知规律，以严密的逻辑性，带领学生在科学的殿堂步步深入地探索下去。本套丛书“奇趣科学”系列中的每个活动都涉及相关的科学主题，每个主题触及不同方面的知识，每个实验还有不同的任务，一个实验的完成，不是学习的结束，而是学习的开始。学生会因为做这些有趣的生活实验而爱上学习，综合能力得到提升，从而进一步自主探究学习其他文化知识，成为拥有智慧的人。

这是一种开拓式的创新教育，这样的教育开始得越早越好。我相信，孩子们阅读着这套引导性和操作性极强的“生活科普教育丛书”，再在教师的指导下进行一个个小实验，他们不仅仅是收获了基本的知识和技能，更重要的是养成了科学家式的思考方式，最终拥有的科学思维会让孩子终身受益。

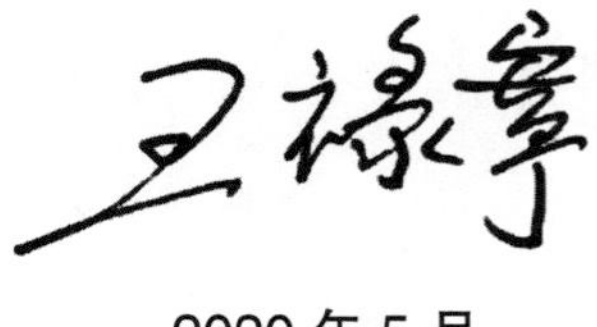

2020 年 5 月

前　言

“马铃薯发芽”“多莉羊”“孙悟空汗毛变幻”，这几个看似风马牛不相及的词组放在一起，很多人会摸不着头脑。其实，如果我们仔细品味就可以理出其中的关联了，那就是它们分别代表了自然现象、现代科技和神话创造，并由此可以引发出一个共通的概念——克隆、细胞全能性。这样的解释或者描述，是笔者在20世纪末“多莉羊”诞生时，在中学课堂执教过程中不经意间和学生分享的。现在细细想来，当时的讲解恰恰是个很好的生活科普教学案例，因为科普就是用简单的语言、活生生的实例，加之可行性的科学体验互动，就能让人们理解并深刻记忆其中看似深奥的科学道理。这正如爱因斯坦所说“物理学理论如不能使小孩懂，就可能是无价值的”。这同样适合其他科学理论。

科学的现象与原理与自然世界有着千丝万缕的联系，这也决定了科学教育必然与自然相生，与生活相融。因此作为科学教育者应该思考的是：如果不在教室内能否进行科学教学？如果不在实验室内能否进行科学实验？而现今空中科学课堂的教学实践则给予了肯定的解答，即科学教师可以在教室内传授科学概念、可以在实验室内指导科学实验，也可以在广阔的课外校外空间（如生活环境、自然环境、科技馆及博物馆等）进行科学教学，利用自然和生活资源进行科学实践。

上述是笔者认为的生活科普，它是一种因陋就简、因地制宜、因材施教，用生活语言表达科学、用生活材料进行实验、也可在生活环境进行科学实践，从而进行科学普及，也就是“观生活中的现象、用生活中的材料、探生活中的科学；在实验室之外也能进行科学实践，从而普及科学的方法和思想”。而基于生活科普的科学教育，则更有利于青少年学生不受时空限制、灵活生动地处在真实的实践环境中，去汲取科学知识、探究科学真谛、激发创新灵感、培养科学素养。生活科普根据具体情境可分为生活实验、科学对话、科学游记、笔记自然、科学童话及科学情景剧六种形式。

生活科普教学是基于生活即教育、探究式教育、STEMx 教育和科学课程标准要求的科学教学实践。十多年来的生活科普教学实践与反思，逐步滋生了创作“生活科普教育丛书”的愿望。在各方的支持下，以《义务教育小学科学课程标准》《义务教育初中科学课程标准》《中小学综合实践活动课程指导纲要》为指导，作为中小学科学拓展型课程资源的《奇趣科学实践园》（1～2 年级）、《奇趣科学探客屋》（3～4 年级）、《奇趣科学智创坊》（5～6 年级）、《奇趣科学研学吧》（7～9 年级）等，将作为丛书“奇趣科学”系列读本先行问世。

面对即将刊印的丛书系列读本，笔者无限感慨，多年的坚持与努力终有所收获。同时无限感激，感激那些为丛书完美呈现提供支持的人们。感谢中国科学院院士杨焕明教授愿意作为丛书的科学顾问，感谢上海市教育委员会副主任特级教师倪闽景老师、上海市儿童基金会理事长王禄宁老师为丛书作序，感谢复旦大学附属中学正高级特级教师王铁桦老师、上海市教委教研室正高级特级教师赵伟新老师、上海市静安区青少年活动中心正高级特级教师冯景华老师、上海市黄浦区教育学院正高级特级教师张瑞芳老师、浙江省校外教育中心主任陈敬老师、中国遗传学会高级工程师安锡培老师愿意作为丛书的教育顾问。感谢万立荣老师、仇虹豪老师、王婉老师、王荣胜老师、王晓燕老师、朱小颖老师、汤寒芳老师、李伟老师、肖明杰老师、张鑫老师、张盛夏老师、陈先锋老师、陈金香老师、周孝勇老师、屈强老师、施展老师、赵渝老师、赵小华老师、倪友晟老师、钱佳文老师、黄见远老师、道理老师和瞿超老师或提供支持，或给予建议，或进行实践，或参与策划。感谢团队成员的领导、同事及亲朋好友们对编写丛书给予的理解和期待；感谢前人的研究和创作成果，为丛书提供了参考和借鉴；尤其要感谢上海科学技术出版社张斌老师为丛书的最终呈现所付出的不懈努力。同样的感谢献给将本套丛书作为开展科学拓展型课程资源的中小学教师们、将本套丛书作为校外（科技馆、少年宫、青少年活动中心）科学实践课程资源的科技指导们、将本书作为探究实践和课外阅读资源的中小学同学们，以及其他所有本书的读者，因为您的选择是对我们最大的支持和鼓励。

2020 年 5 月

目　录

活动 01 〉〉〉 奇思妙想四巧板 …… 1

活动 02 〉〉〉 趣探莫比乌斯环 …… 6

活动 03 〉〉〉 小小侦探寻线索 …… 11

活动 04 〉〉〉 小小蝌蚪大变身 …… 16

活动 05 〉〉〉 给蚕宝宝造新家 …… 21

活动 06 〉〉〉 弹力蝴蝶飞起来 …… 26

活动 07 〉〉〉 捉迷藏的小动物 …… 31

活动 08 〉〉〉 巧现杯中的余晖 …… 36

活动 09 〉〉〉 首届一“纸”大力士 …… 41

活动 10 〉〉〉 千变万化磁力树 …… 46

活动 11 〉〉〉 心语心愿孔明灯 …… 51

活动 12 〉〉〉 超级泡泡我来秀 …… 56

活动 13 〉〉〉 四季美丽动起来 …… 61

活动 14 种子的别样用处 …… 66

活动 15 缤纷的果蔬染料 …… 71

活动 16 留住秋天的颜色 …… 76

活动 17 留下叶片的印记 …… 81

活动 18 可以“吃”的土壤层 …… 86

活动 19 趣味天气记录板 …… 91

活动 20 童心保护地球村 …… 96

活动 21 厨余材料大翻身 …… 101

活动 22 妙趣横生人偶戏 …… 106

活动 23 吸管小屋巧制作 …… 111

活动 24 巧搭吸管桁架桥 …… 116

活动 25 手摇取水辘轳井 …… 121

活动 26 时钟玩具这样做 …… 126

活动 27 量杯可以简易做 …… 131

活动 28 挑战自制小杆秤 …… 136

01
活动

奇思妙想四巧板

生活中的发现

很多小朋友都知道七巧板，但你知道四巧板吗？四巧板又称“T 字之谜”，是一种类似七巧板的传统智力玩具。一副四巧板包含 4 块不同形状的图形块，它们由一个长方形分解得到。四巧板可以拼成各种不同形态的图案，小朋友们根据任务一起挑战一下四巧板拼图吧！

任务要求

认一认：仔细观察四巧板中每个图形的形状和特点。

选一选：选择合适的材料制作四巧板。

做一做：尝试利用提供的材料完成不同图案的拼图。

我的实践

我的发现

我的猜想

我准备这样做

给你的参考

材料参考

四巧板卡片。

四巧板卡片

视频参考

方法参考

（1）观察四巧板每一图形块的大小和形状。

（2）发挥你的想象力，利用提供的四巧板图形，拼出相应的图案。比一比，谁用的时间最少。

四巧板拼图

小贴士

四巧板由一个长方形分解得到的4个不同形状组成，其有大小不同的直角梯形各一块，等腰直角三角形一块，凹五边形一块。四块板子之间具有特殊的联系，它们的排列组合能够得到多种图形。设计制作四巧板时，最关键的是要把握住两点：一是图形的边和角的特点，二是翻转、平移和旋转的拼图方式。

继续探究

1. 继续思考：想一想，四巧板中的每个图形是否都能用三角形和长方形组合拼出呢？

2. 继续尝试：根据所给图纸，试着制作一副四巧板。

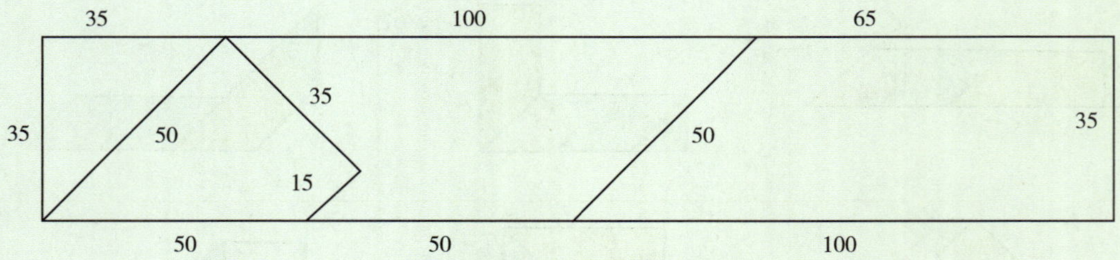

图纸参考（单位：毫米）

3. 继续创作：你能利用“四巧板”创造出更多创意图案吗？

知识链接

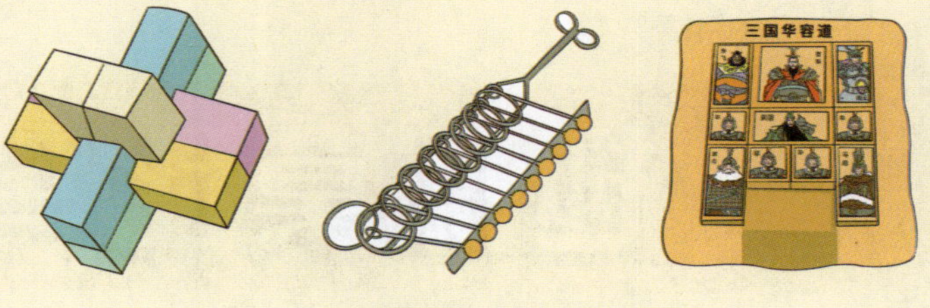

益智游戏材料

我国古代曾称四巧板为“调和板”，因为它拼出来的图块很协调。四块图形虽然看起来平平无奇，其中可大有奥妙，通过排列组合可形成上百种图形。进行四巧板拼图时，通过观察和操作，感受平面图形的不同特性，进而感知不同图形之间的联系，感受图形之美、变换之妙、数学之乐。在中国的历史上，诞生了数不尽的类似四巧板这样的益智类玩具，其中，如九连环、孔明锁、华容道等益智类玩具，体现了古人的智慧，承载了一代代中华儿女的童年记忆。

活动评价

完成活动任务后，请对自己 / 自己小组的表现进行评价，看看能获得几种颜色的花瓣哟！

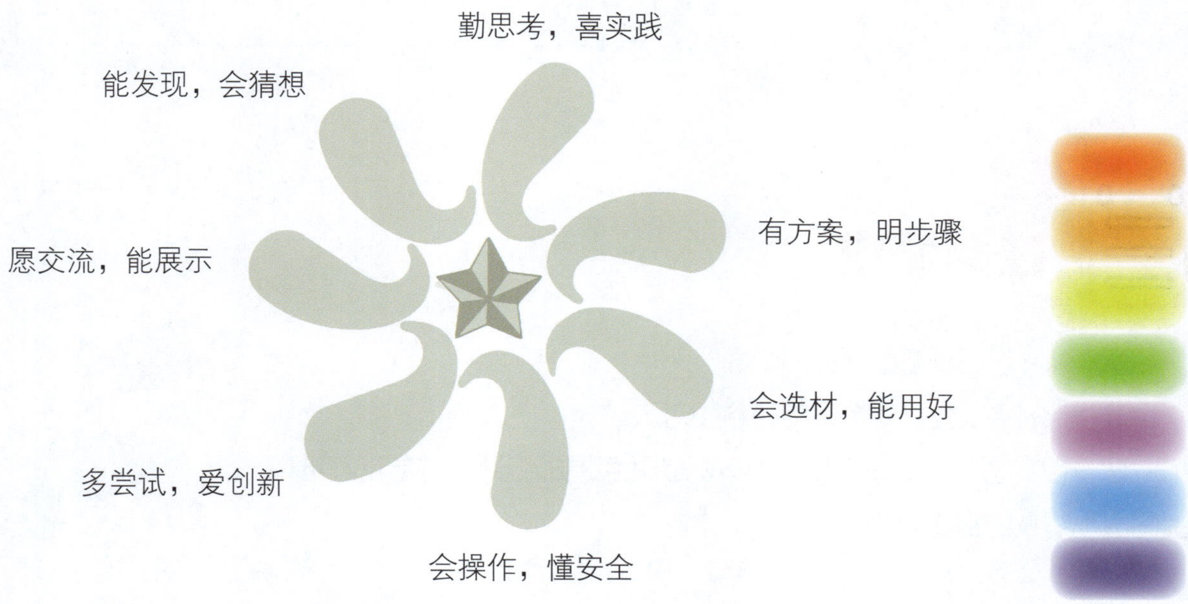

如果你是与他人（如同学、老师、家长等）合作完成的，可以点亮中央的小星星哦！

02 活动

趣探莫比乌斯环

生活中的发现

观察图片，纸环内侧有一块面包屑，外侧有一只小蚂蚁。想一想，如果不让小蚂蚁翻过纸环的边缘，如何调整纸环才能使小蚂蚁吃到纸环内侧的面包屑呢？

纸环上的蚂蚁和面包屑

任务要求

认一认：仔细观察纸环的两个面。

选一选：寻找生活中合适的材料和方法。

做一做：制作一个让小蚂蚁可以吃到面包屑的纸环，并尝试在纸环上画出小蚂蚁的路线。

我的实践

我的发现

我的猜想

我准备这样做

给你的参考

材料参考

双色纸、笔、剪刀、尺、双面胶。

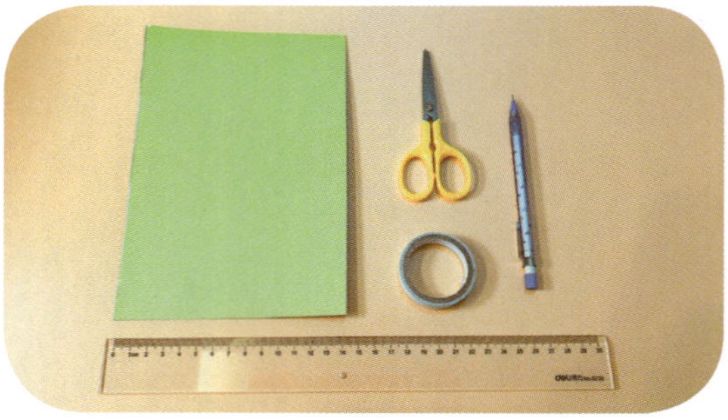
实验材料

视频参考

方法参考

（1）从彩纸上剪出 2 条纸环，标记为 1 号和 2 号。并在两个纸环的内侧和外侧分别画出面包屑和小蚂蚁。

（2）将 2 号纸带剪断，把一端扭转 180° 后与另一端粘接起来。

准备纸环

制作莫比乌斯环

（3）用笔分别从蚂蚁所在的位置开始画路线，观察是否能够画到面包屑处。

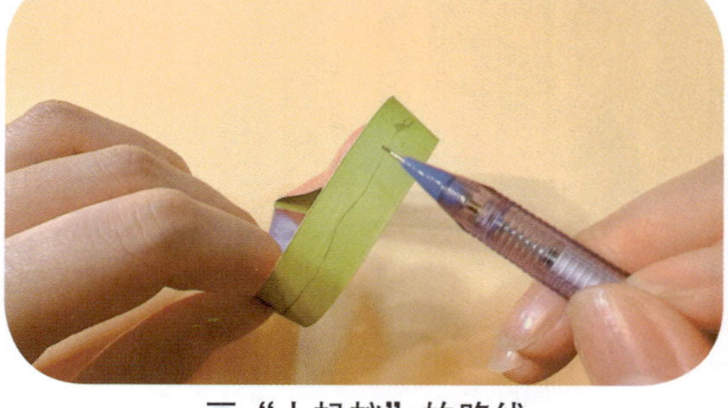
画“小蚂蚁”的路线

小贴士

通过画一画，1 号纸环中的小蚂蚁无法与面包屑“相遇”，而小蚂蚁在 2 号纸环不用爬过纸的边缘就能到达面包屑处，说明小蚂蚁能“吃”到面包屑。这是由于普通的纸环（1 号）有两个面，而神奇的纸环（2 号）只有一个面，所以从纸环任意一点出发，不越过纸环的边缘也能够到达任何位置。这种神奇的纸环就叫作莫比乌斯环，是德国数学家莫比乌斯在 1858 年发现的。

继续探究

1. 继续思考：在普通纸环和莫比乌斯纸环中画一条线，分别沿着画线剪开，猜一猜分别得到什么？

2. 继续尝试：在莫比乌斯环上画 2 条线，沿着二分线剪开，观察现象；在莫比乌斯环上画 3 条线，沿着三分线剪开，观察现象。

3. 继续创作：若把纸环的一端扭转 360°，并试着尝试旋转更多的角度，再沿着中线剪开，观察现象。

剪开普通纸环

剪开莫比乌斯环

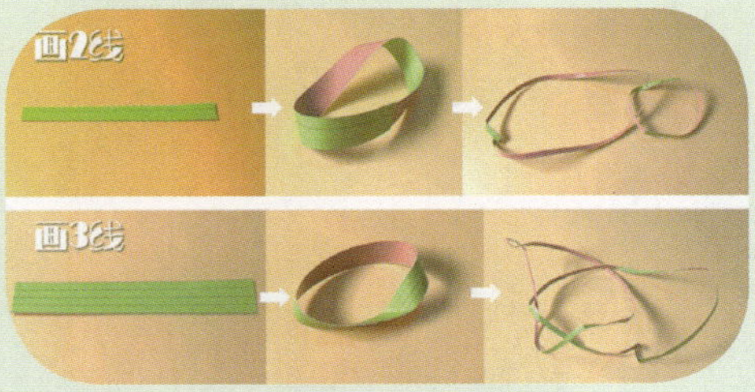

莫比乌斯环裁剪图示

知识链接

莫比乌斯环的创意生活中有许多应用，有些过山车轨道采用了莫比乌斯环原理，给游客带来更刺激的感受；一些传输带、传动带设计成莫比乌斯环，就不会只磨损一面，使它们的寿命提高了一倍；打印机的色带就是莫比乌斯环，这样使色带的油墨有效输送量增加一倍，节约了材料。

过山车

传送带

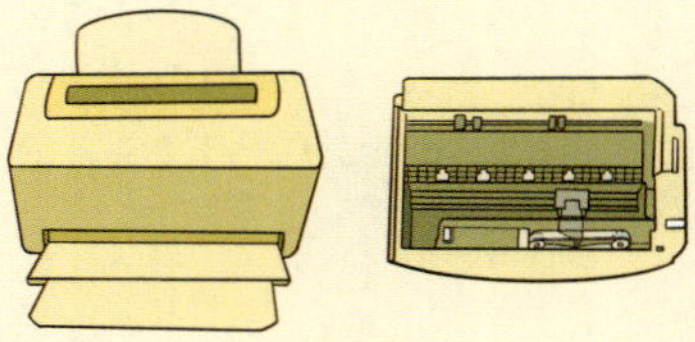

打印机

活动评价

完成活动任务后，请对自己/自己小组的表现进行评价，看看能获得几种颜色的花瓣哟！

如果你是与他人（如同学、老师、家长等）合作完成的，可以点亮中央的小星星哦！

03 活动

小小侦探寻线索

生活中的发现

淘气包的生日派对开始啦！小伙伴们一起举杯庆祝。糟糕，玩得太开心了！淘气包的杯子和小客人们的杯子混在一起了。怎么区分是谁的杯子呢？请你化身小侦探，帮助大家辨清杯子。

杯子弄混了

任务要求

找一找：印在什么物品上的指纹比较清晰？

看一看：每个人的指纹一样吗？

辨一辨：淘气包的指纹。

做一做：提取指纹。

我的实践

我的发现

我的猜想

我准备这样做

给你的参考

材料参考

铅笔、玻璃杯、胶带、白纸、卷笔刀等。

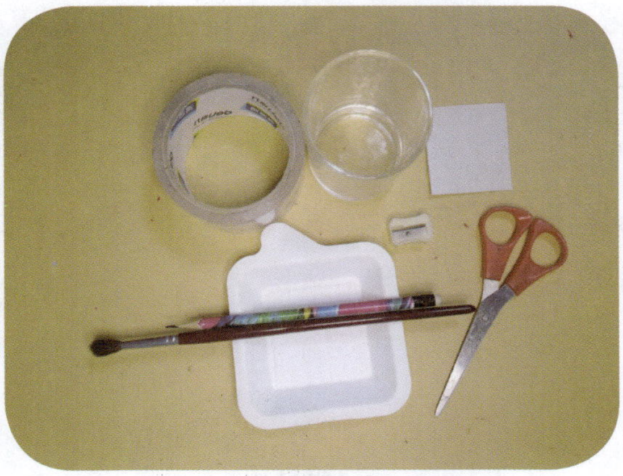

活动材料

视频参考

方法参考

（1）借助工具，获取碳粉

用卷笔刀削铅笔，倒出后获取碳粉。

（2）准备样本，撒上碳粉

在杯壁手指触碰过的地方刷上碳粉，隐藏的指纹显现啦！

（3）覆上胶带，提取指纹

在呈现指纹处轻轻贴上胶带，并把获取到的指纹贴在白纸上。

（4）观察指纹，交流分享

快去告诉小伙伴如何提取指纹。

比一比，你们的指纹有什么不一样的地方。

获取碳粉

收集碳粉

利用碳粉显现指纹

提取指纹

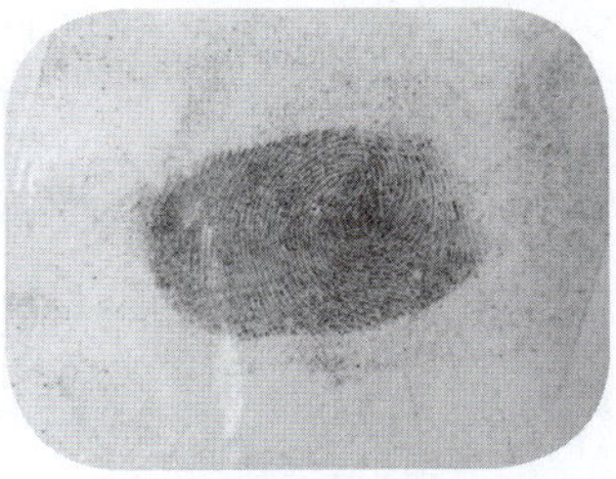

获取指纹

小贴士

请在家长的指导下使用刀片，注意安全！在按压指纹的时候，注意只按压一次，不要重复按压！否则重复按压的指纹会叠加在一起，这样提取的指纹会模糊不清。

每个人的指纹都不同，指纹是独一无二的，可作为识别身份的特征。下方白底图片上是淘气包的指纹。A、B、C三个指纹是分别从三个杯子上提取的。仔细观察，你能识别出哪个杯子上的指纹是淘气包的吗？

淘气包的指纹图

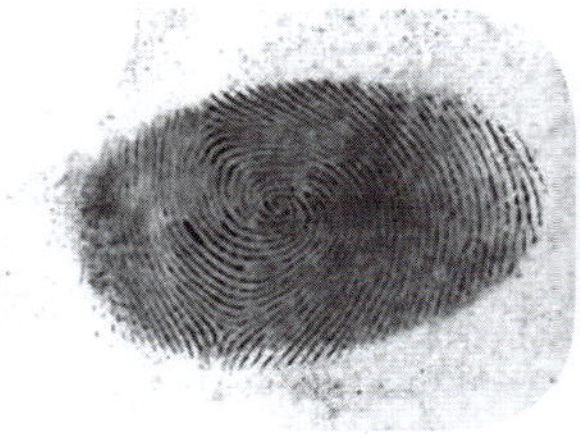
指纹 A

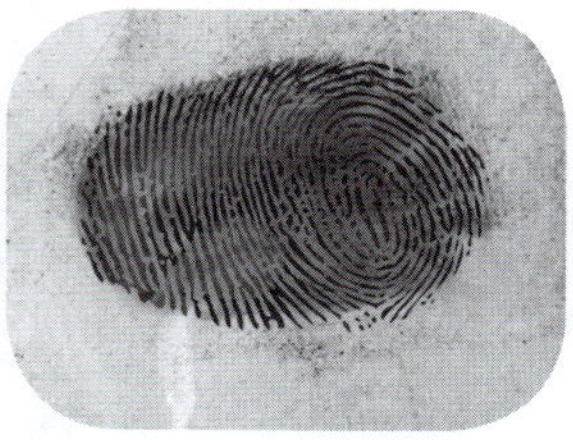
指纹 B

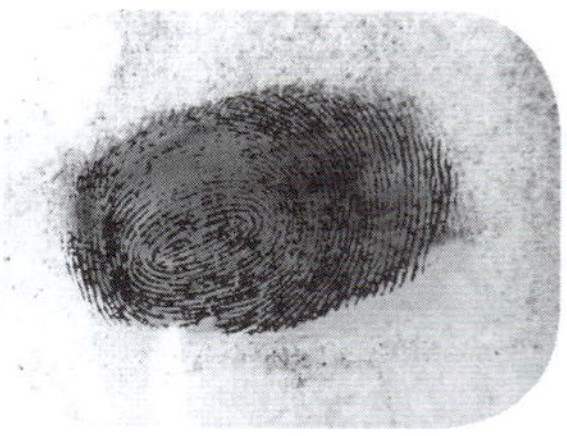
指纹 C

继续探究

1. 继续思考：除了碳粉外，还有什么物品能帮助显现指纹？

2. 继续尝试：借助其他印制物品（如印泥、可水洗笔、胶带等）显现指纹。从其他物品（如镜面）上提取指纹。

3. 继续创作：能否利用自己的指纹创作一幅指纹画？

知识链接

指纹是皮肤上的纹路。人类有指纹，那么动物有指纹吗？科学家发现猩猩、猴子等动物是有指纹的。指纹的产生是适应环境的表现，指纹有助于增强皮肤的摩擦力，方便灵长类动物抓取物体。

活动评价

完成活动任务后，请对自己/自己小组的表现进行评价，看看能获得几种颜色的花瓣哟！

如果你是与他人（如同学、老师、家长等）合作完成的，可以点亮中央的小星星哦！

04 活动

小小蝌蚪大变身

生活中的发现

春天，大自然生机勃勃，我们在公园里赏花，在池塘边看柳树，有没有发现，池塘里有一群小蝌蚪正在欢快地游动？你知道小蝌蚪长大后会变成什么样吗？让我们一起查阅资料，了解小蝌蚪的成长历程，动手制作一份“小蝌蚪大变身”翻页画吧！

蝌蚪

青蛙

任务要求

找一找：小蝌蚪长大成青蛙的生长过程视频。

选一选：小蝌蚪生命历程中变化明显的阶段。

做一做：制作“小蝌蚪大变身”翻页画。

我的实践

我的发现

我的猜想

我准备这样做

给你的参考

材料参考

卡纸、手工纸、直尺、剪刀、铅笔、勾线笔、双面胶、固体胶等。

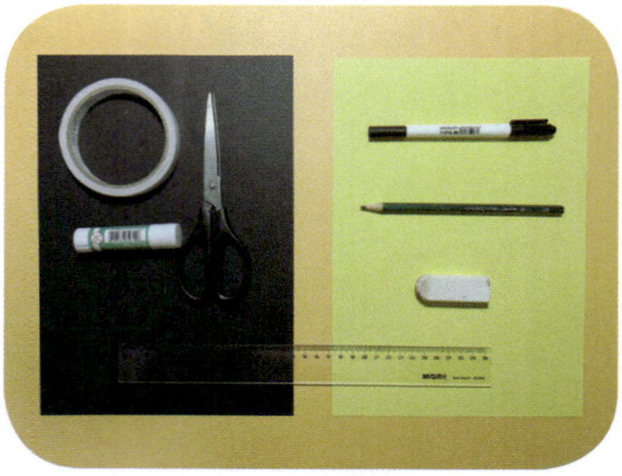
活动材料

视频参考

方法参考

（1）裁剪纸张，制作底板和绘画板

裁剪出 5 张 7 厘米 ×7 厘米的卡纸和 5 张 6 厘米 ×6 厘米的手工纸，将绘画板贴于底板正中间。

（2）观察成长过程，绘制关键变化

仔细观察小蝌蚪长大成青蛙的过程，选择其中 5 个变化较大的阶段，将外形特征绘制在手工纸上。

（3）裁剪长条卡纸，制作抽拉条

裁剪一条 4 厘米 ×25 厘米的卡纸，底板顶端对齐卡纸一端，沿着底板底部画线，随后每隔 1 厘米画一条线，一共五条线。接着沿着划线向外折出折痕，并粘上双面胶。

（4）按顺序粘贴卡片，翻折抽拉条并固定

按照第 5 张至第 1 张的顺序，沿着长条卡纸从上往下粘贴卡片。将长条卡纸翻至背面；准备一小截长方形卡纸，左右两端贴上双面胶，将翻折至背面的长条和原来的长条卡纸固定起来。

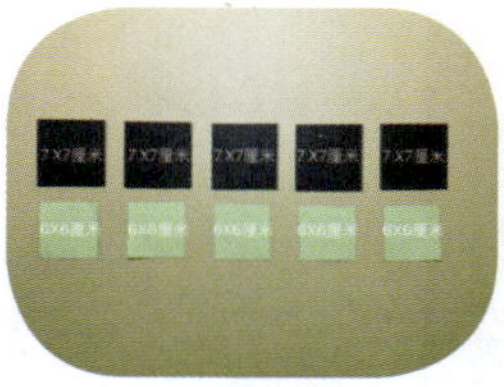
裁剪纸张

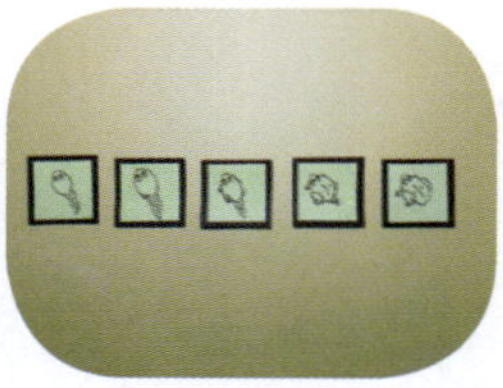
绘制生长过程

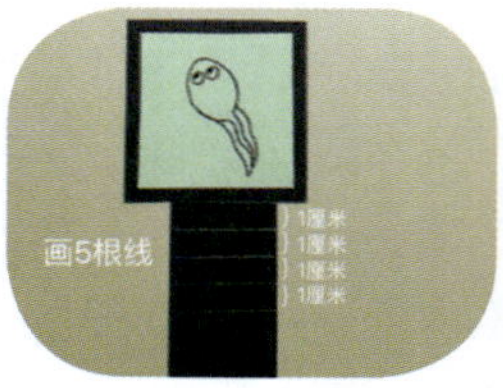

画出折线

沿折线粘贴双面胶

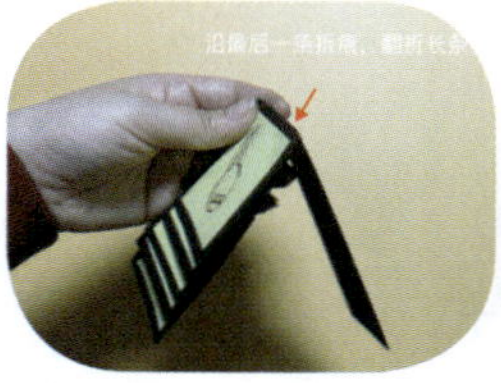
翻折长条卡纸

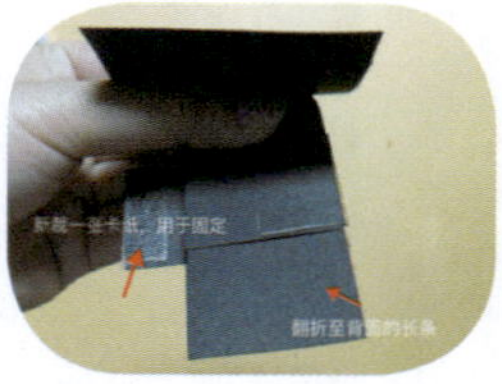
固定长条卡纸

小贴士

翻页画由底板、绘画板和抽拉条等组成。底板和抽拉条可选择颜色较深的硬卡纸，便于抽拉和翻页。绘画板可选择颜色较浅的手工纸，便于在上面绘画。

将小蝌蚪变成青蛙过程中的关键特征（长长的尾巴→ 长出后肢→长出前肢→尾巴变短→尾巴完全消失），用简笔画的方式，描绘出外形轮廓及身体的主要组成部分。在固定这些卡片时，按照第五张至第一张的顺序从上往下粘贴。

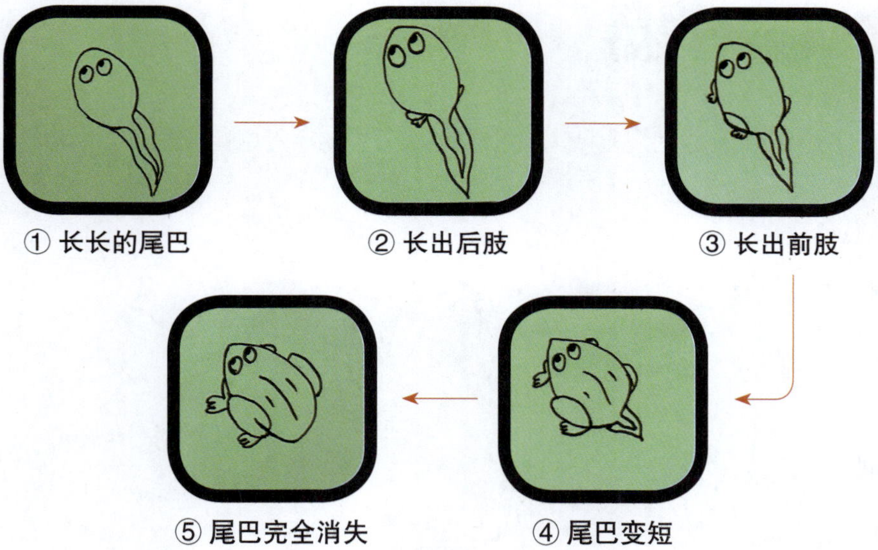

绘制图示

继续探究

1. 继续思考：青蛙怎样繁殖后代？它们是直接产出小蝌蚪吗？
2. 继续尝试：丰富翻页内容，补充蛙卵的阶段，制作完整的生命历程。
3. 继续创作：你能设计出其他动植物翻页画吗？

知识链接

青蛙是两栖动物。小蝌蚪长大成青蛙一般要经历两到三个月时间。它们会经历几个变化明显的阶段，先长出后肢，再长出前肢，尾巴变短，变成幼蛙，最后变成成蛙。刚孵化出来的蝌蚪呈纺锤[chuí]形，无四肢，生有侧扁的长尾，这时它们是用鳃呼吸的。当蝌蚪变成青蛙后，就开始用肺呼吸了。

活动评价

完成活动任务后，请对自己/自己小组的表现进行评价，看看能获得几种颜色的花瓣哟！

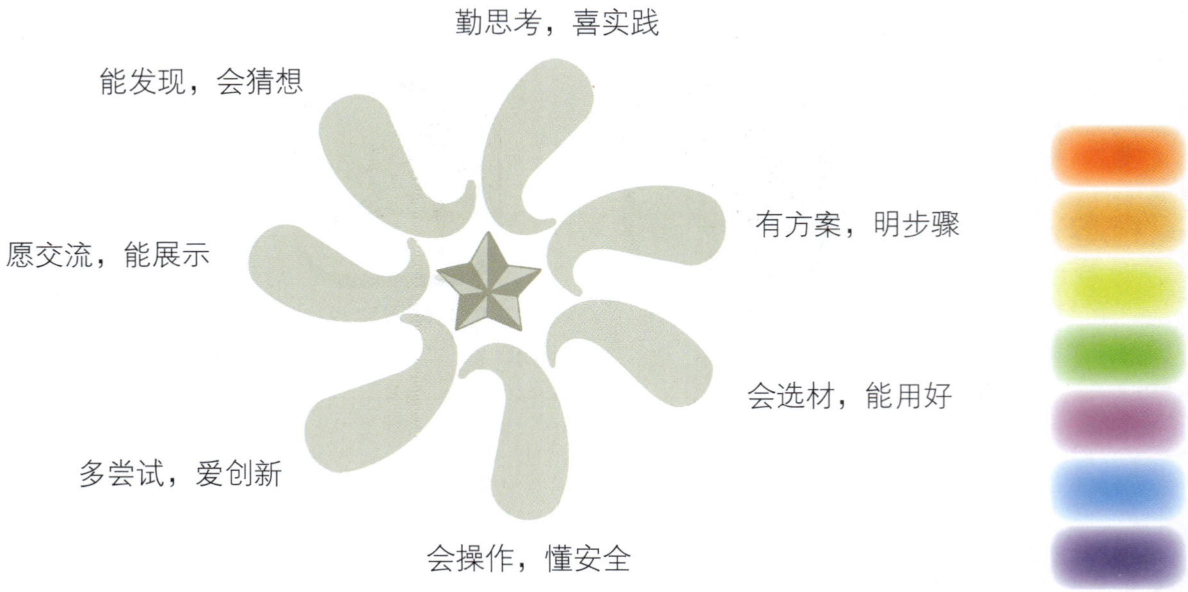

如果你是与他人（如同学、老师、家长等）合作完成的，可以点亮中央的小星星哦！

05 活动

给蚕宝宝造新家

生活中的发现

每年的三四月总能看到身边的小伙伴养蚕，你是否也跃跃欲试呢？我们除了为蚕宝宝提供食物以外，到了结茧吐丝的阶段，还要为它们做个小“房子”，这也叫作“蚕簇[cù]”，便于它们在里面结茧。让我们用自己灵巧的双手一起来给蚕宝宝造新家吧！

蚕宝宝

蚕簇

任务要求

找一找：生活中可以用来制作蚕簇的材料。

选一选：大小合适的废弃纸盒。

做一做：制作一个方便实用的蚕簇。

我的实践

我的发现

我的猜想

我准备这样做

给你的参考

材料参考

包装盒、硬纸板、纸、笔、直尺、剪刀、订书机等。

活动材料

视频参考

方法参考

（1）画出蚕簇的设计图，想一想，要搭建怎样的结构，来支撑蚕宝宝结茧吐丝。

（2）以格子状蚕簇为例，根据设计图的大小，将纸板剪出长约 30 厘米、宽约 4 厘米的长条，将这些长条摆放整齐。

（3）在长纸条上，每间隔约 5 厘米做好标记，然后沿着长纸条的宽度方向剪一条小口，长度约等于长纸条宽度的一半。

（4）一根长条开口朝上，一根开口朝下，对准以后插到底，以此类推。完成网格拼装，再把四个角用订书机钉起来，裁剪合适大小，放入纸箱。

蚕簇设计图

剪出长条

剪出小口

拼装长条

固定四角

小贴士

蚕簇的结构与使用的材料有关。考虑到蚕宝宝在结茧前会排液，卡纸、纸箱等制成的格子状蚕簇较为常用。除此之外，还有麦秸[jiē]、谷秸等制成的小山状蚕簇，塑料制成的网状蚕簇等。

制作前首先根据蚕的数量，预设所制作的蚕簇的大小，再选择大小合适的纸箱。制作完毕后，将即将吐丝的蚕宝宝轻轻放入每个小格子中。蚕宝宝结茧吐丝时，我们可以观察，但不要去打扰它们哦。

继续探究

1. 继续思考：还可以用哪些材料设计蚕簇，方便蚕宝宝依附在上面结茧。
2. 继续尝试：尝试制作多种结构与造型的蚕簇。

知识链接

蚕宝宝会经历很奇妙的一生。如何判断蚕宝宝准备结茧了呢？当蚕宝宝的蚕龄过五龄后，开始不爱吃桑叶、不爱动，身体变得头尾较窄，中间较粗，且发黄发亮，头不停地摇摆时，它们准备结茧吐丝了。这时我们就需要为它们准备蚕簇啦！

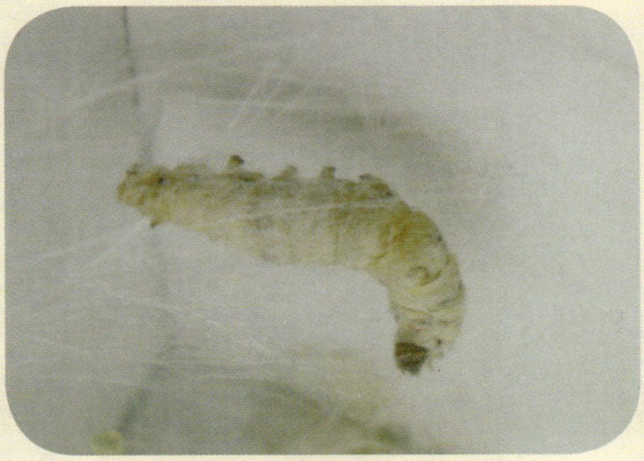
吐丝结茧的蚕宝宝

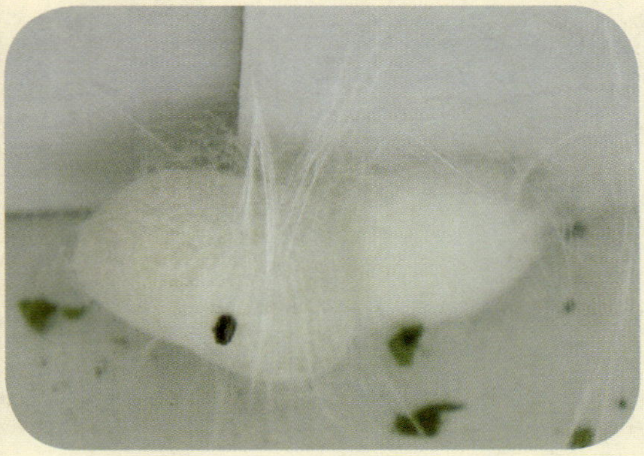
蚕茧

活动评价

完成活动任务后，请对自己 / 自己小组的表现进行评价，看看能获得几种颜色的花瓣哟！

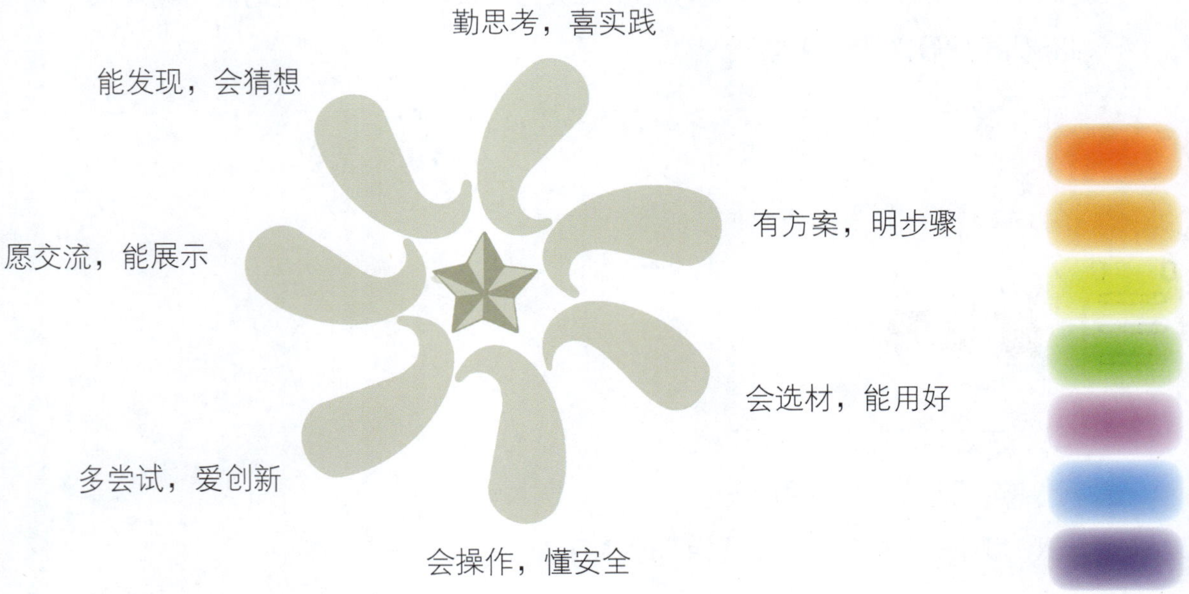

如果你是与他人（如同学、老师、家长等）合作完成的，可以点亮中央的小星星哦！

06 活动

弹力蝴蝶飞起来

生活中的发现

“儿童急走追黄蝶，飞入菜花无处寻。”“留连戏蝶时时舞，自在娇莺恰恰啼。”在阳光明媚的日子里，我们常常可以看到花丛中有蝴蝶在翩翩起舞，上下翻飞。我们有什么办法做一只能飞舞的玩具蝴蝶呢？让我们利用身边的材料动手做一只拥有科技感的飞舞蝴蝶吧。

任务要求

认一认：生活中哪些物品具有弹性。

选一选：选用合适的材料和方法。

做一做：制作一个能够飞起来的弹力蝴蝶。

我的实践

我的发现

我的猜想

我准备这样做

给你的参考

材料参考

曲别针、回形针、橡皮筋、彩纸、老虎钳、儿童剪刀、透明胶带、笔。

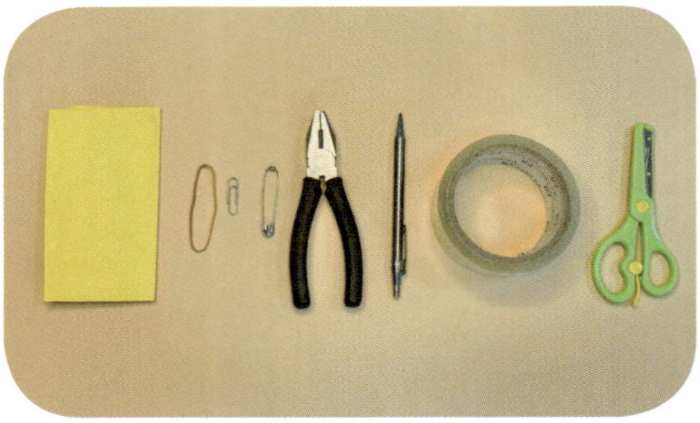

活动材料

视频参考

方法参考

（1）分别将曲别针和回形针扭转成一定的形状，作为“蝴蝶身体”。

（2）在卡纸上画出蝴蝶的翅膀，剪下待用。

（3）用透明胶带将“蝴蝶翅膀”粘贴在“蝴蝶身体”上，并固定橡皮筋。

（4）用手压住“蝴蝶身体”，将蝴蝶的一端沿着同一个方向旋转 20 圈。再将旋转后的蝴蝶轻轻平放在书本内页并合上书。打开书，放飞蝴蝶。

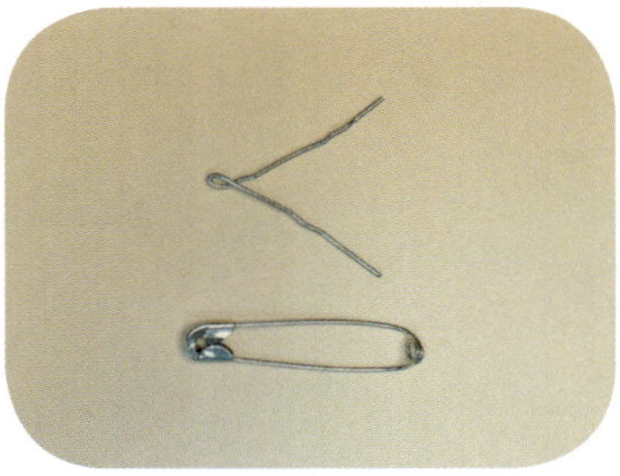

制作“蝴蝶身体”

制作“蝴蝶翅膀”

粘贴翅膀固定橡皮筋

旋转蝴蝶一端

放飞蝴蝶

小贴士

纸蝴蝶能够飞起来是因为橡皮筋在不断被扭转的过程中发生了形变，橡皮筋具有弹性，当其要恢复形状的时候，就会带动“蝴蝶翅膀”，因此可以看到飞舞的“蝴蝶”。在一定范围内，物体发生的弹性形变越大，具有的弹性势能就越大。而在橡皮筋由扭转恢复为原形状的过程中，弹性势能转化为纸蝴蝶的动能。

继续探究

1. 继续思考：猜一猜，如果增加或减少橡皮筋的扭转圈数，纸蝴蝶的飞舞时间会如何变化呢？

2. 继续尝试：分别扭转橡皮筋圈至 10 圈、30 圈，观察记录纸蝴蝶的飞舞时间，并尝试解释原因。

3. 继续创作：找一找生活中其他具有弹性的材料，并完成创意制作。

知识链接

在物体受外力作用发生形状改变后，一旦撤去外力，物体就能恢复原来的形状，那我们把这个帮助物体恢复原形的力称作弹力。它的方向与物体形变的方向相反。

由于物体的形变多种多样，所以产生的弹力也有各种不同的形式。在生活中，人们根据弹力的性质，发明制造了许多物品，例如橡皮筋、测力器、席梦思床垫、跳高撑杆、汽车轮胎等。当它们受到外力而形状发生改变时，都可以产生弹力。

轮胎

篮球

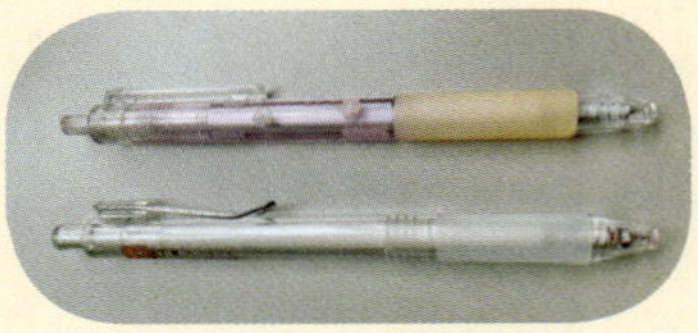
按压圆珠笔

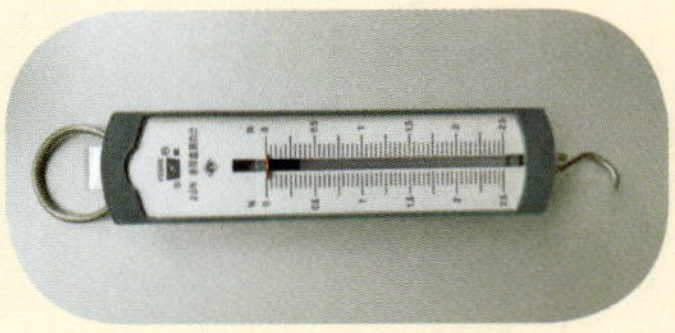
弹簧测力计

活动评价

完成活动任务后，请对自己/自己小组的表现进行评价，看看能获得几种颜色的花瓣哟！

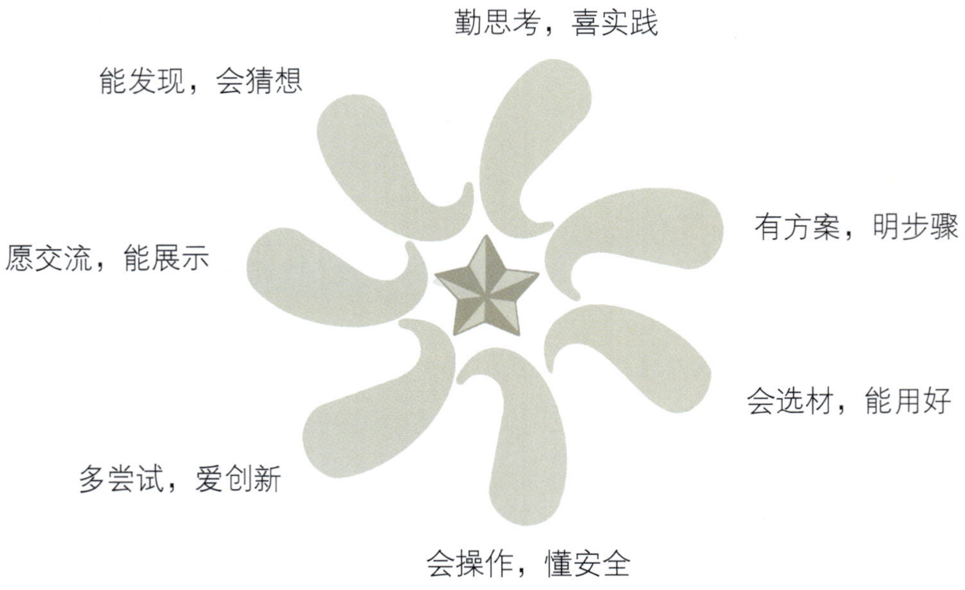

如果你是与他人（如同学、老师、家长等）合作完成的，可以点亮中央的小星星哦！

07 活动

捉迷藏的小动物

生活中的发现

在一片漆黑的地方，如果没有光，我们看不见自己伸出的手指，俗称“伸手不见五指”，说明了我们的视觉离不开光。你看，兔子正在和其他小动物玩捉迷藏的游戏，小动物都躲到了房子后。让我们一起来使用“光”，让“捉迷藏”游戏变得更好玩。

帮助兔子寻找其他小动物

任务要求

看一看：房子纸张盖在小动物纸张上，能看见房子后的小动物吗？
想一想：为什么有些时候看得到小动物，有些时候看不到？
做一做：制作纸房子、纸动物，完成“捉迷藏”游戏。

我的实践

我的发现

我的猜想

我准备这样做

给你的参考

材料参考

A4 纸、记号笔、卷筒纸的筒芯、手电筒等。

活动材料

视频参考

方法参考

（1）勾勒线条，制作纸房子

先在 A4 纸上画出房子的轮廓，并用记号笔勾线，制作纸房子。

（2）绘图剪裁，制作纸动物

在卡纸上画出一些小动物的卡通头像，剪裁制作成纸动物。

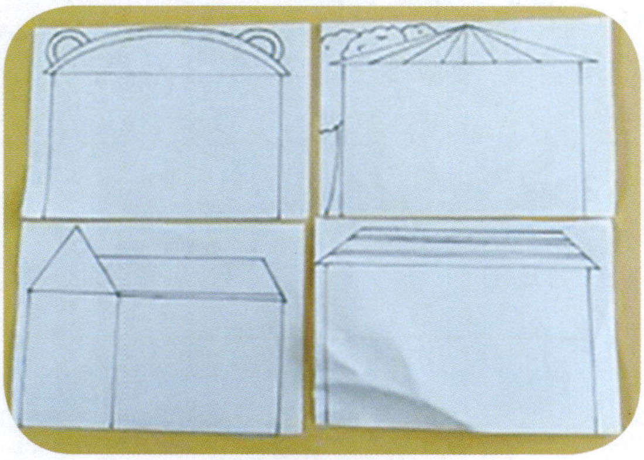

制作纸房子

制作纸动物

（3）上下重叠，置于桌面

把纸房子盖在纸动物上，两张纸平铺在桌面上，小动物仿佛“跑”到房子后面去了。从上往下观察，你能帮助小兔看见躲在房子后的小动物吗？

（4）竖起纸张，借用工具，再次观察

将两张纸竖起，将卷筒纸筒芯作为观察筒，从筒芯开口处向内观察，你能看见躲在房子后的小动物吗？若使用手电筒从后方照亮动物纸张，会更加清晰哦。

动物纸张平铺于桌面，房子纸张盖在上方

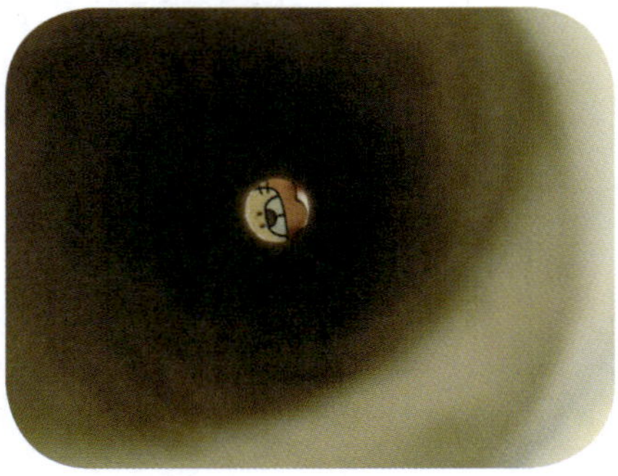

从筒芯开口处向内观察

小贴士

观察筒除了可以用卷筒纸、保鲜膜中抽出的筒芯，还可以直接把硬卡纸卷起来制作一个“卷筒”。绘制纸动物时，注意动物的大小最好小于筒芯的观察孔径。观察游戏一般在白天进行。若在较暗的环境中进行，可使用手电筒。

继续探究

1. 继续思考：为什么纸张平铺在桌面上不能看见房子后的小动物，而竖起纸张并用卷筒观察，就能看见小动物呢？

2. 继续创作：利用这个实验方法，创造出更多的小游戏。

知识链接

人的视觉离不开光，纸本身不发光，我们能看到纸，是由于纸反射的光进入眼睛留下影像。

游戏中将纸张平铺置于桌面上时，小动物纸夹在房子纸与桌面间，只能看到房子纸反射的光。而在白天将纸竖起来，用筒芯遮挡房子纸反射的光，借助了背面动物纸反射的光，便能看见动物了。在夜晚没有日光时，可使用手电筒的光（或手机上的手电筒功能），照亮竖起的动物纸，来帮助我们看到动物。

视觉的形成，还与眼睛的结构与成像等有关。在收获科学知识的同时，我们还得注意保护自己的眼睛。

活动评价

完成活动任务后，请对自己/自己小组的表现进行评价，看看能获得几种颜色的花瓣哟！

如果你是与他人（如同学、老师、家长等）合作完成的，可以点亮中央的小星星哦！

08 活动

巧现杯中的余晖

生活中的发现

你观察过一天中太阳颜色和方位的变化吗？日出和日落时分，太阳看似橘红的咸蛋黄。正午时太阳在我们的正南方（或正北方）空中，看上去是黄白色的。一天中太阳不仅方位会变化，颜色竟然也会变化，真是太奇妙了！一起动手，用生活中的材料，制作属于我们独有的“杯中现日”吧！

清晨

正午

傍晚

任务要求

想一想：太阳从什么方位升起和落下？

猜一猜：如何实现“杯中的余晖”现象，可能需要的工具与材料。

做一做：尝试完成“杯中的余晖”小实验。

我的实践

我的发现

我的猜想

我准备这样做

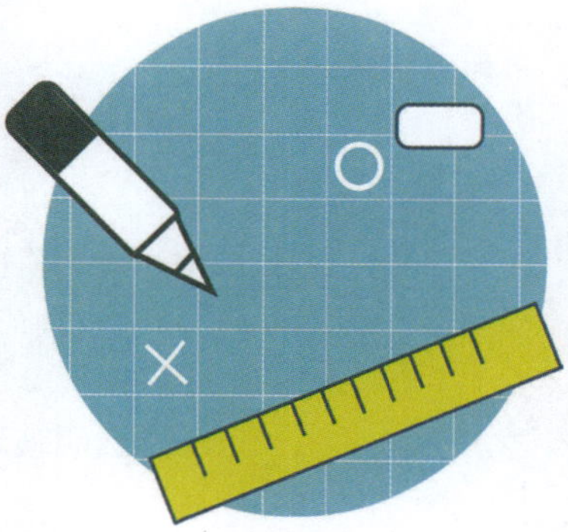

给你的参考

材料参考

清水、牛奶、手电筒（或手机）、黑色卡纸、透明玻璃杯、吸管、滴管、透明玻璃板、废旧纸盒等。

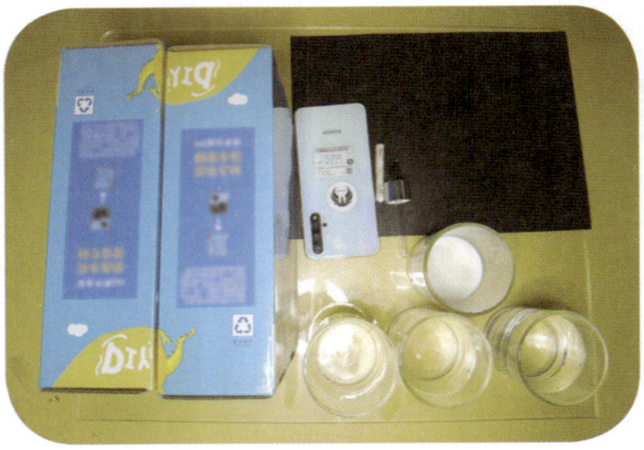

活动材料

视频参考

方法参考

（1）寻找简易模拟“太阳”和“地平线”的材料

用手机手电筒功能的光模拟阳光。用黑色卡纸的边界模拟地平线。

“太阳”和“地平线”材料准备

（2）简易装配“东升西落”装置

在三个透明玻璃杯中倒入等量清水。按照“东升西落”放置杯的位置。清晨方位对应左侧杯，正午方位对应中间杯，傍晚方位对应右侧杯。

用透明玻璃杯模拟太阳清晨、正午、傍晚的位置

（3）简易装配“大气层”

时段	特点	简易装配方法
清晨 / 傍晚	阳光斜射穿过厚厚的大气层，其中包含较多尘埃	滴入 5 滴左右的牛奶
正午	阳光垂直入射，穿越的大气层较清晨、傍晚时薄	保留等量清水

“清晨”“傍晚”杯中滴入 5 滴左右牛奶，“正午”保留等量清水

（4）搭建平台，方便观察

将透明玻璃板置于两个等高的废旧纸盒上，便于杯子抬高后观察。

搭建平台

（5）杯中现日，观察现象

手机置于左侧杯底部，使光射入穿过杯中水。模仿一天中地面上观察到的太阳运行轨迹，手持手电筒从左侧杯底部起步慢慢移动，眼睛朝向杯口从上至下观察“杯中现日、东升西落”的现象。完成后，记得要将所有工具清洗干净哦。

杯中模拟清晨景象

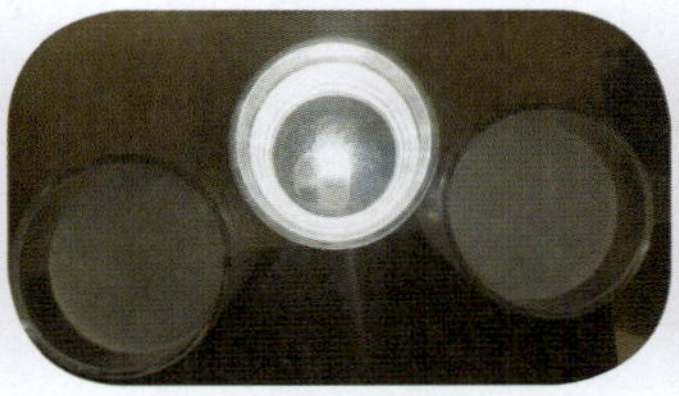

杯中模拟正午景象

杯中模拟傍晚景象

小贴士

地球有厚厚的大气层，阳光到达地面前先穿过大气层，大气中气体分子和微尘等对阳光有散射作用。阳光属复色光，是由七种不同颜色的光混合成的白光。清晨和傍晚时，阳光在大气层中穿越的距离长，波长较短的蓝光等发生散射，而波长较长、穿透本领较强的红光等穿过了大气，就显现出太阳在清晨、傍晚时与在正午时较大的颜色差异。我们用牛奶模仿并增强了类似的视觉效果，创造出自己的简易“杯中余晖”。

使用手电筒时请调节为弱光模式，不要选择强光模式。避免伤害眼睛。

继续探究

1. 继续思考：为什么日出和日落时太阳的颜色，与正午时太阳颜色差别较大？

2. 继续尝试：用生活中其他材料代替牛奶。

3. 继续创作：将日出日落的场景用绘图的形式记录下来。

知识链接

当太阳未从地平线升起时，人们有时会看到日出。这是太阳光受到地球大气层的影响而产生折射现象。中国古代天文学家曾记录名为“天再旦”的罕见天文现象，即同一天接连出现两次日出的情况。通常是由清晨五点到七点的日全食所引起的天文奇观：第一次日出时，天色因日食开始而又逐渐暗去，接着又迎接第二次日出。

活动评价

完成活动任务后，请对自己 / 自己小组的表现进行评价，看看能获得几种颜色的花瓣哟！

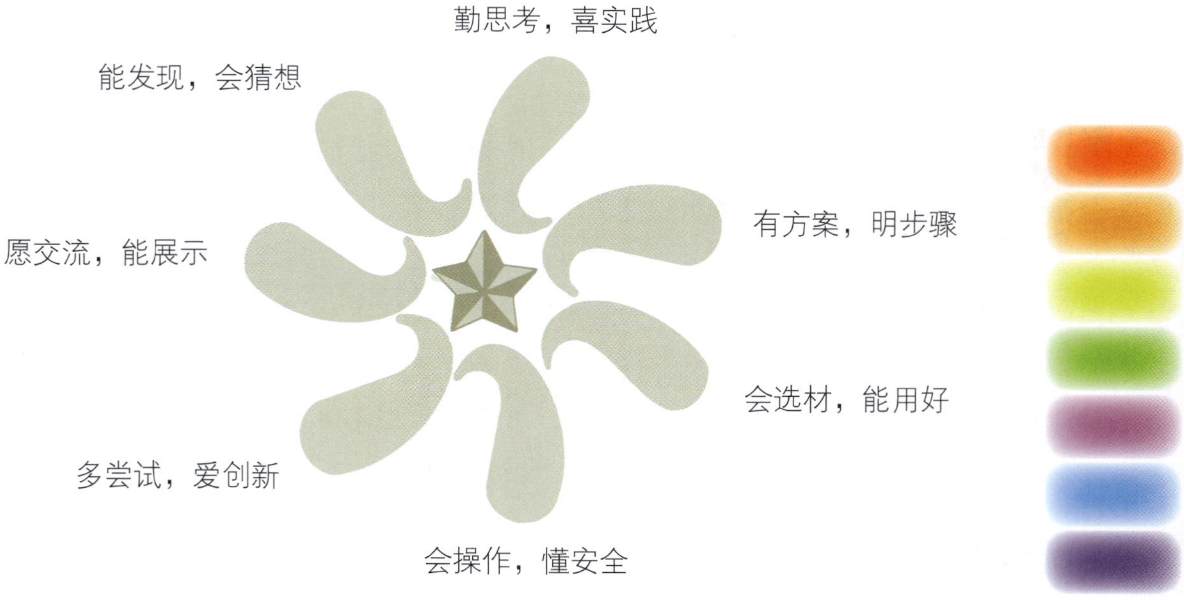

如果你是与他人（如同学、老师、家长等）合作完成的，可以点亮中央的小星星哦！

09
活动

首屈一“纸”大力士

生活中的发现

纸与我们的生活密不可分，不同的纸有不同的用途。纸也有自己的“小脾气”，有些纸摸起来薄薄的很柔软，似乎一枚硬币就可以把它压垮，但摇身一变又可以顽强坚硬，承重本领增大。究竟是什么魔力让纸变得“脾气很硬”呢？快拿起你身边的纸一起来探秘吧。

任务要求

找一找：搜集生活中各种不同材质的纸。

做一做：选择一种纸，将它改变成 3 种不同的形状结构。

测一测：测试同一种纸在不同形状结构下的承重效果。

我的实践

我的发现

我的猜想

我准备这样做

给你的参考

材料参考

A4 纸、垫圈、盒子、尺。

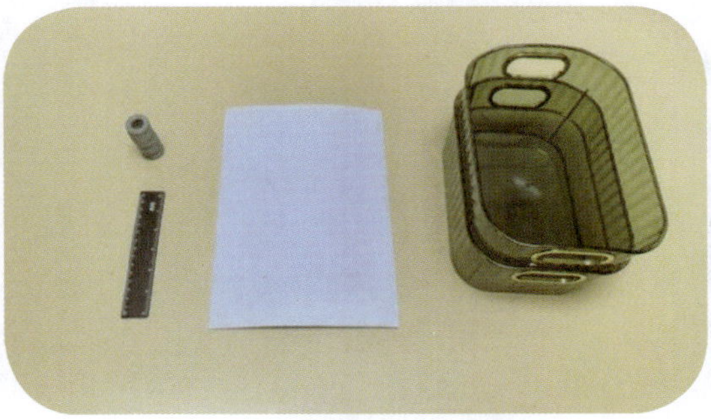

活动材料

视频参考

方法参考

（1）两个盒子距离 15 厘米放置，将一张 A4 纸平铺在上面，在纸中央轻轻放置垫圈，测试（记录）能放置多少个垫圈。

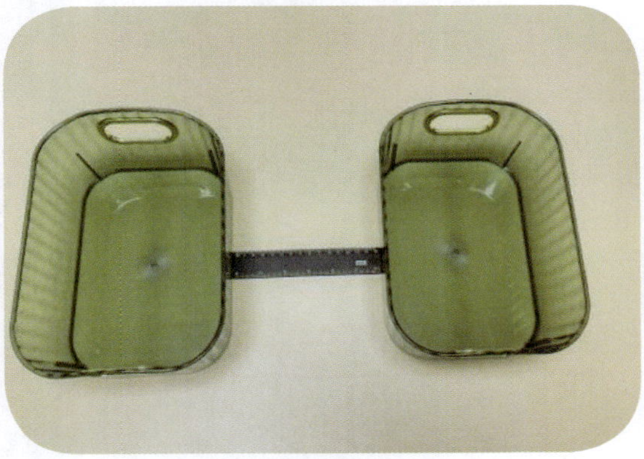

放置盒子

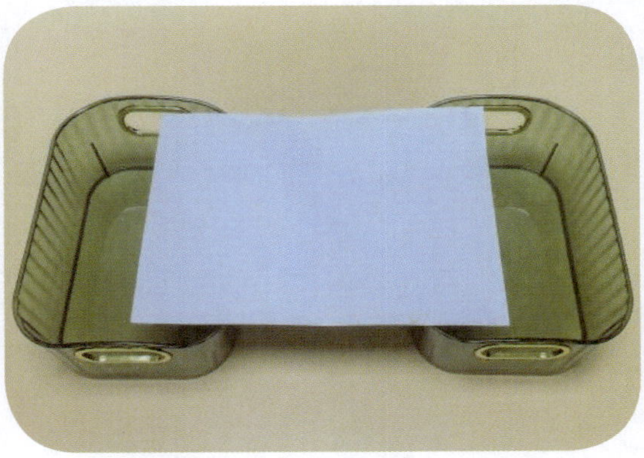

平铺 A4 纸

（2）将 A4 纸进行对折，平铺在两个盒子上，在纸中央轻轻放置垫圈，测试能放置多少个垫圈。

（3）保持盒子的间距不变。将纸折成瓦楞形，将折叠后的纸平放在两个盒子之上，在纸的中央轻轻放置垫圈，测试能放置多少个垫圈。

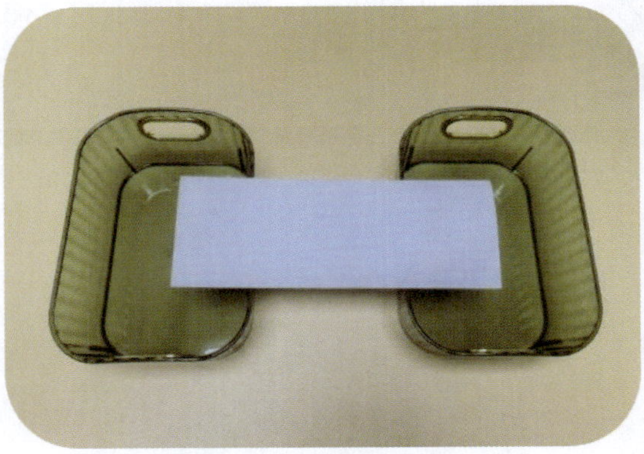

A4 对折后纸再平铺

（4）保持盒子的间距不变。将一张 A4 纸折叠出更多瓦楞的痕迹，将折叠后的纸平放在两个盒子之上，再在纸的中央轻轻放置垫圈，测试能放置多少个垫圈。

（5）比较不同形状的 A4 纸的承重效果。

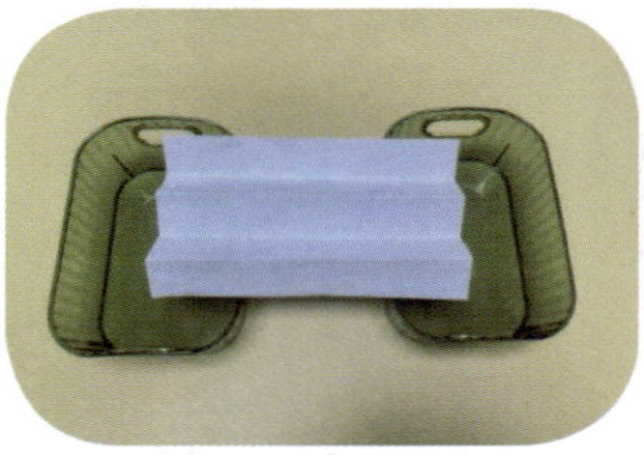

A4 纸折成瓦楞形后再平铺

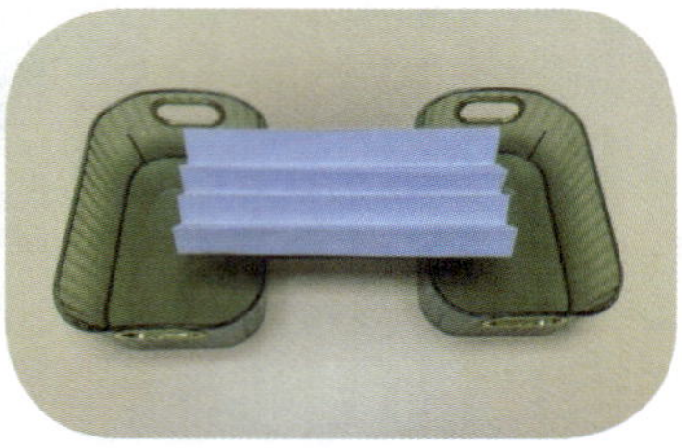

A4 纸折出更多瓦楞后再平铺

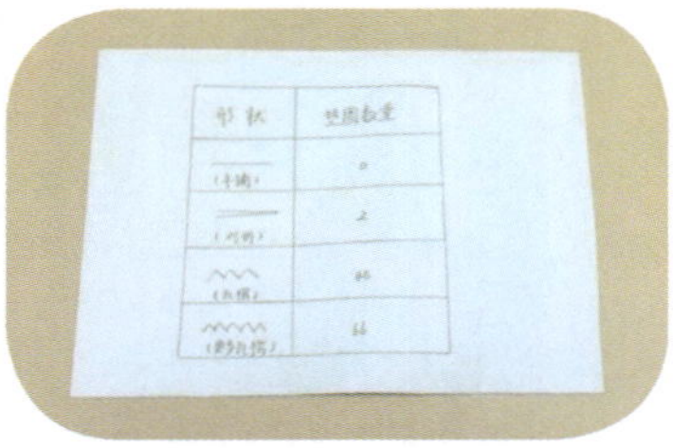

记录每次测试的结果

小贴士

为什么柔软的纸张经过折叠后的承重本领就变大了呢？在没有被折叠过的 A4 纸上放置重物，纸的结构点受压被破坏，且受力不均匀，承重本领较小，经过多次折叠后的纸，有瓦楞痕迹，再次放置物品时，折痕处给物体提供了更多的支撑点，物重就被分散到了这些折痕上面。一般情况下增加折痕，承重本领就会增强，这体现了结构和力学上的结合作用。

继续探究

1. 继续思考：为什么每次测试都要保持盒子的间距不变？如果改变两个盒子的间距，测试结果会怎样呢？

2. 继续尝试：多用几种不同材质的纸，改变其形状并测试承重效果。

3. 继续创作：用纸搭一座纸桥，使其至少能承载一瓶牛奶的重量。

知识链接

你知道“瓦楞纸”是谁发明的吗？早在 1857 年，英国艾伦兄弟将报纸折成瓦楞状放置在帽子内，在透气吸汗方面得到了良好的效果，因此瓦楞纸最早用作帽子的内衬。直到 1871 年，美国人琼斯发明了单面瓦楞纸板，主要用于包装玻璃等易碎物品，由此开始了瓦楞纸在包装物品方面的应用。

瓦楞纸板通常是由瓦楞纸和箱板纸黏合而成，这种纸板强度大，有较好的抗压性和抗摔性，并且具有成本低、质量轻、易加工等优点，因此常常被用作运输外包装箱。如今，我国 90% 的货物包装都使用瓦楞纸箱。

活动评价

完成活动任务后，请对自己 / 自己小组的表现进行评价，看看能获得几种颜色的花瓣哟！

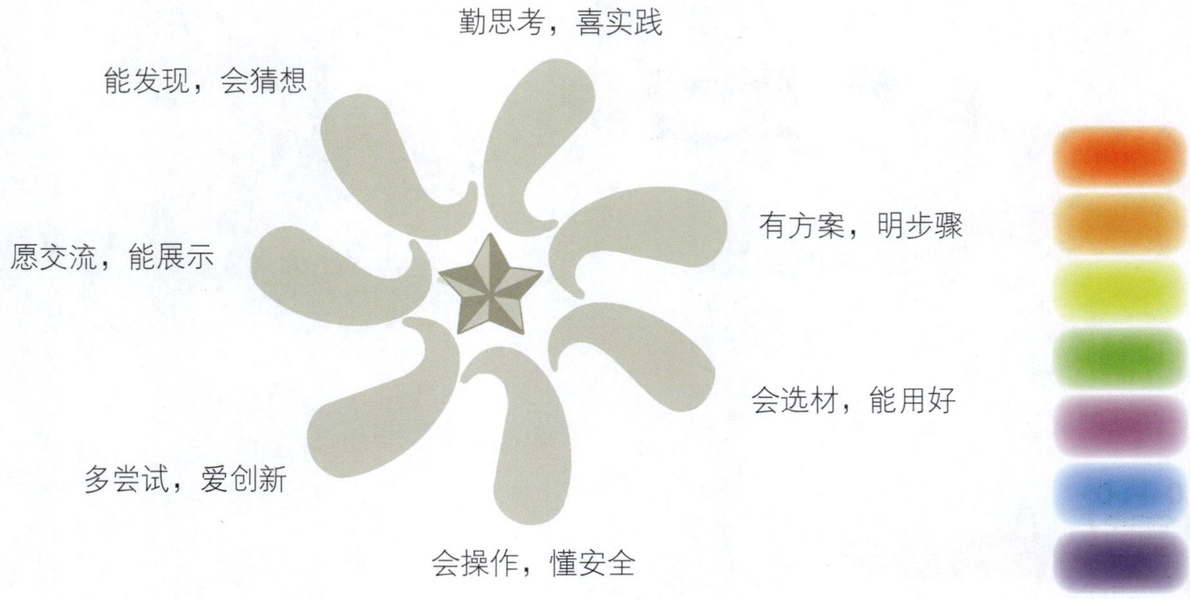

如果你是与他人（如同学、老师、家长等）合作完成的，可以点亮中央的小星星哦！

10 活动

千变万化磁力树

生活中的发现

你知道生活中各种形状大小的磁铁都能用来做什么吗？磁铁能吸铁，可以帮奶奶找到掉落的缝衣针，可以帮爷爷从工具箱里找出掉落的小螺钉……如果两块磁铁的两端相互靠近时，又会产生什么现象？让我们玩一玩、尝试搭建一棵磁力树！

各种形状的磁铁

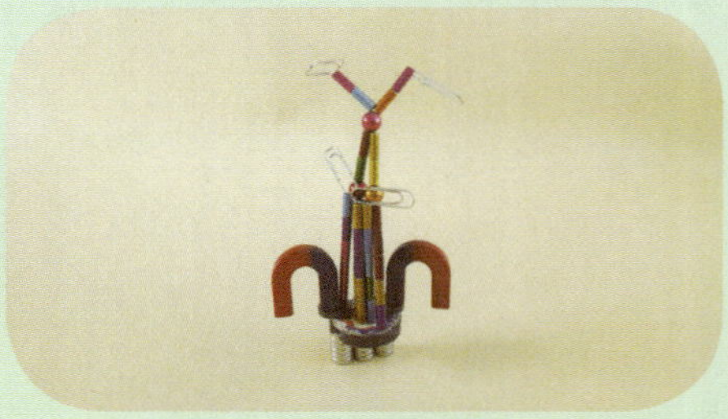

磁力树

任务要求

找一找：寻找各种各样的磁铁、铁质材料。

玩一玩：试着将两块磁铁的两端相互靠近，观察现象。

做一做：用各种各样的磁铁、铁质材料组合搭建一棵磁力树。

我的实践

我的发现

我的猜想

我准备这样做

给你的参考

视频参考

材料参考

磁铁（如条形磁铁、蹄形磁铁、环形磁铁、柱形磁铁、圆形磁铁等）、铁质材料（如铁质小球、回形针等）。

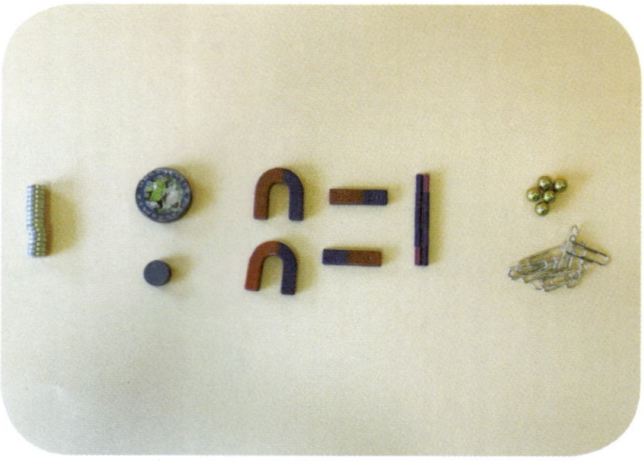

活动材料

方法参考

（1）大块磁铁，稳固底部

选择平整大块磁铁、强磁铁组合为树根。

磁铁树根

（2）中型磁铁，保持平衡

选择弯曲形状磁铁，扩大范围，连接铁质小球等，组合为树干。

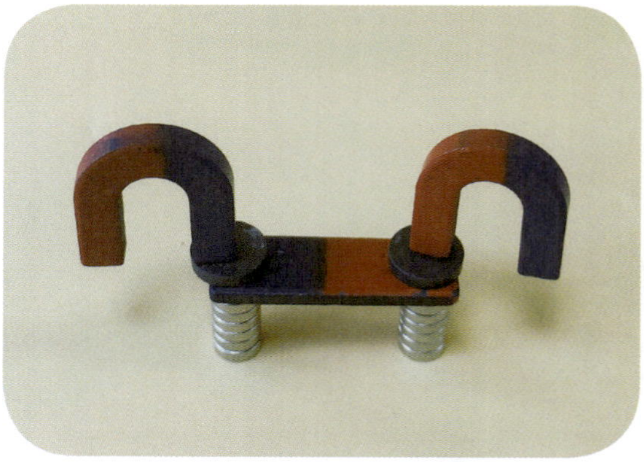

磁铁树干

（3）小型磁铁，延伸枝丫

选择细长形状磁铁，连接铁质小球等，向各个方向延伸枝丫。

（4）悬挂材料，长出树叶

悬挂回形针等轻型铁质材料，模拟生长出的树叶。

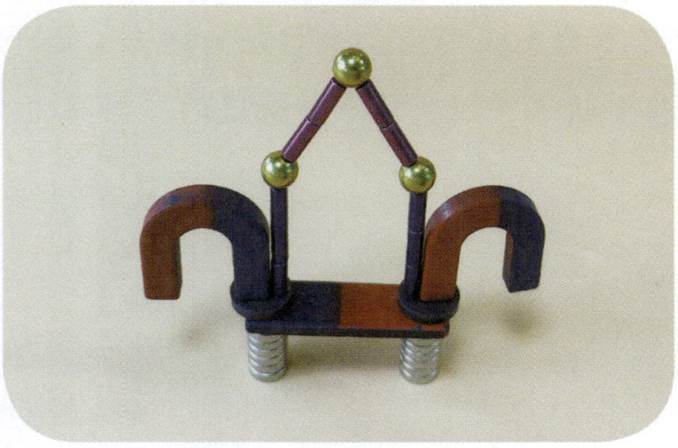

磁铁枝丫

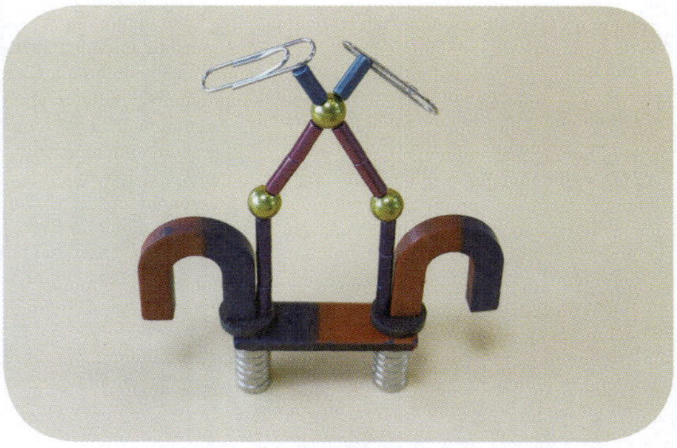

初步搭建的磁力树

小贴士

要使磁力树搭得高，需要多尝试、多观察，组合搭建磁铁及铁质材料。当两块磁铁的两极间产生吸引作用时，可以使两块磁铁紧紧连接在一起。当需要上下磁铁间需要保持一定距离时，可以放上铁质材料，起到连接作用并减弱磁铁间由于相互作用产生的影响。

继续探究

1. 继续思考：对不同形状与大小的磁铁和铁质材料进行合理布局与摆放，能增强磁力树的稳定性吗？

2. 继续创作：选择不同形状与大小的磁铁和铁质材料，搭建出不同的造型。

知识链接

两块磁铁的两端相互靠近时会产生相互吸引或相互排斥的现象。磁铁不同部分的磁性强弱不同。通常把磁性最强的部分叫磁极，同种磁极相互排斥，异种磁极相互吸引。磁悬浮列车是一种靠磁力（即磁铁的排斥力和吸引力）来推动的列车。由于轨道的磁力，列车在行进时悬浮在空中，不接触轨道，因此没有与轨道的摩擦阻力。它运行平稳，乘坐舒适，而且噪声小。

活动评价

完成活动任务后，请对自己/自己小组的表现进行评价，看看能获得几种颜色的花瓣哟！

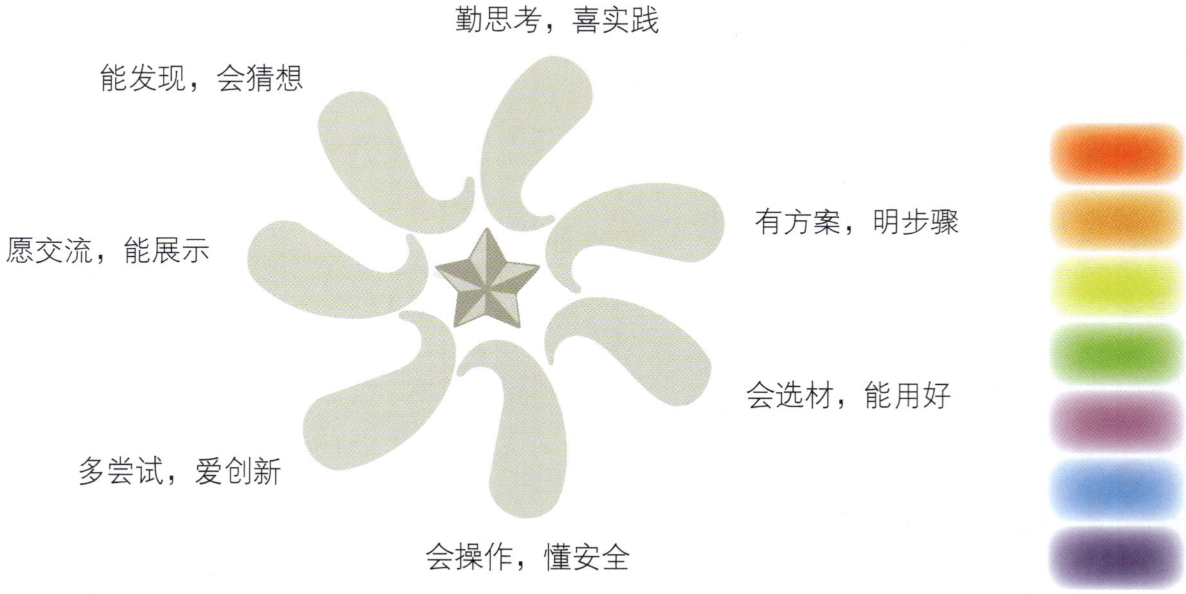

如果你是与他人（如同学、老师、家长等）合作完成的，可以点亮中央的小星星哦！

11 活动

心语心愿孔明灯

生活中的发现

古时，人们许下心愿，放飞孔明灯，让它带着愿望飞向天空。你知道孔明灯为什么能升到空中吗？孔明灯不仅携带着人们美好的心愿，还有让它升空的科学力量呢。让我们利用身边的材料制作简易的孔明灯，探求孔明灯飞起来的奥秘！

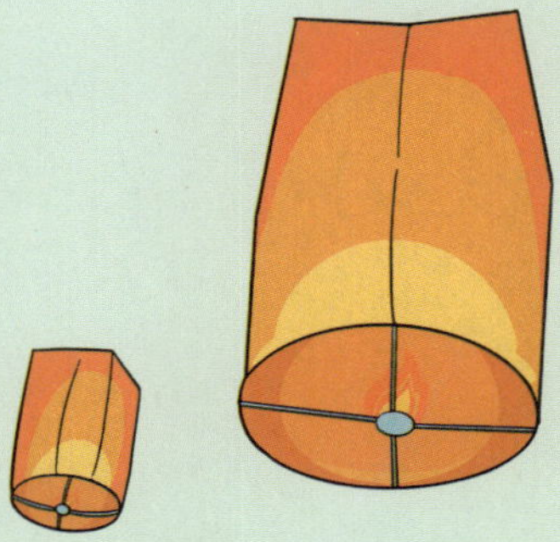

飞扬的孔明灯

任务要求

找一找：寻找制作孔明灯的材料。

选一选：选定孔明灯的类型。

做一做：制作、放飞、回收孔明灯。

我的实践

我的发现

我的猜想

我准备这样做

给你的参考

材料参考

塑料袋、蜡烛、废旧纸盒、剪刀、双面胶等。

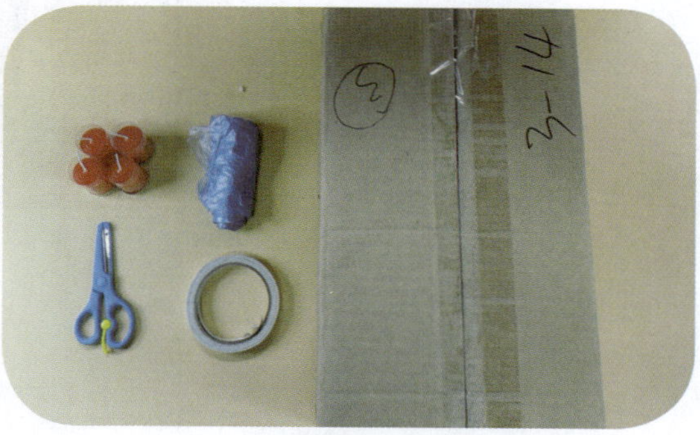

活动材料

视频参考

方法参考

（1）制作灯罩

在塑料袋下方贴上一圈双面胶固定（双面胶不用两面撕开）。用双面胶粘贴时要轻柔小心，避免把塑料袋撕破。

制作灯罩

（2）修剪纸盒

用剪刀将纸盒的盖子和底部剪去，根据塑料袋袋口大小调整盖子和底部的开口大小，确保整个塑料袋能恰好盖住纸盒口。

根据蜡烛高度，修剪纸盒高度，烛焰位置在纸盒的一半高度处即可。

（3）摆放蜡烛

选择适合进行放飞“孔明灯”的地方（需要有一定的放飞高度）。清空周围物品，平稳摆放好蜡烛，以备放飞孔明灯时用。

修剪纸盒

摆放蜡烛

（4）点燃蜡烛

依次点燃摆放好的蜡烛，将纸盒罩在点燃的蜡烛周围。（注意安全，不要让蜡烛的火焰触碰到纸盒。）

（5）尝试放飞

双手把塑料袋撑开在纸盒上方，观察塑料袋，待充分鼓胀时，松开塑料袋，放飞简易孔明灯。

点燃蜡烛，罩上纸盒

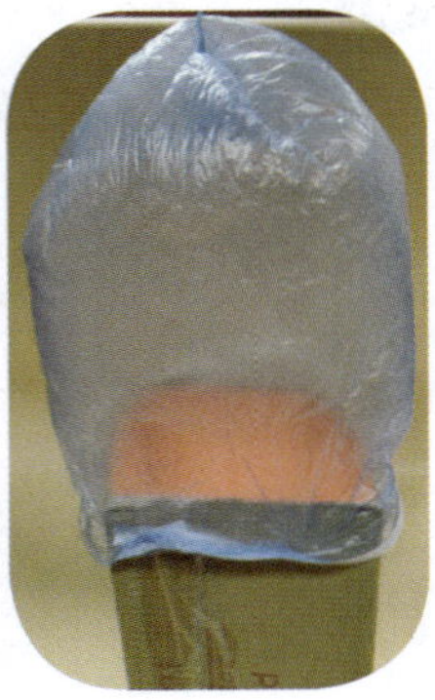
尝试放飞

小贴士

如果使用蜡烛来加热空气，可以选择较轻的材料制作孔明灯的灯罩，以尽量减轻孔明灯的质量，如塑料袋、保鲜袋等。

整个实验过程中务必注意安全，需有家长（或教师）看护与协助。可以由家长或教师帮助点燃和熄灭蜡烛，注意纸盒不要碰到蜡烛，避免自身触碰到烛焰。完成放飞后，及时熄灭蜡烛，观察并回收落回的孔明灯灯罩。

继续探究

1. 继续思考：身边没有蜡烛时，在保障安全的情况下还可以使用什么材料加热空气？同时为了保障安全，可使用什么材料制作灯罩？

2. 继续实践：制作其他形状（如心形）的孔明灯。

3. 继续创作：尝试使用酒精棉固定在灯罩底部，用防火袋或身边不易燃的材料，制作孔明灯灯罩。

知识链接

孔明灯又称许愿灯，是一种古老的手工艺品，相传是三国时期诸葛亮发明的，而诸葛亮的字为“孔明”，故称为“孔明灯”。

孔明灯通常由竹子或木棍构成，外层由纸或布质材料包裹。其本身没有动力，主要利用了空气受热上升的原理。在古时，除了祈福，孔明灯还有传递消息等军事用途。

活动评价

完成活动任务后，请对自己 / 自己小组的表现进行评价，看看能获得几种颜色的花瓣哟！

如果你是与他人（如同学、老师、家长等）合作完成的，可以点亮中央的小星星哦！

12 活动

超级泡泡我来秀

生活中的发现

你吹过泡泡吗？将一根吸管在液体里蘸一下，轻轻一吹，一个个晶莹剔透泛着七彩的圆形精灵在空中飘扬，大大小小，五光十色，在阳光下闪闪发亮，美丽极了！这样的泡泡你想拥有吗？不如自己尝试完成一个超级泡泡。

任务要求

认一认：观察生活中哪些材料可以产生泡泡。

选一选：寻找生活中能够吹出的泡泡的材料和工具。

做一做：配制泡泡液，尝试吹一个超级泡泡。

我的实践

我的发现

我的猜想

我准备这样做

给你的参考

视频参考

材料参考

水、洗洁精、胶水、甘油、烧杯、搅拌棒、吸管（或吹泡泡器）、量杯、瓶子。

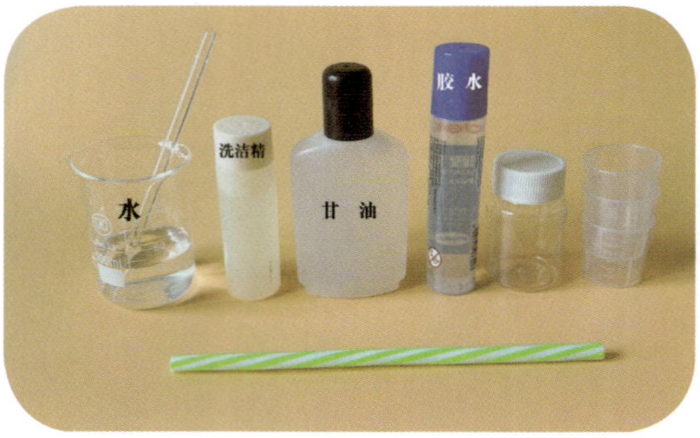

材料图

方法参考

（1）在杯中准备适量清水，用吸管在水中蘸［zhàn］一下，试着吹一吹，观察现象。

（2）在量杯中加入 40mL 清水，加入适量洗洁精搅拌均匀，再用吸管蘸取少量液体后试吹，观察现象。

（3）在步骤（2）液体中依次再加入 5mL 液体胶和 20mL 甘油，混合均匀后，用吸管蘸取少量液体后就可以吹泡泡了。配制好的泡泡液可以装在瓶子里保存。（提示：吹泡泡时最好选择室外或者浴室。）

加入清水

加入洗洁精

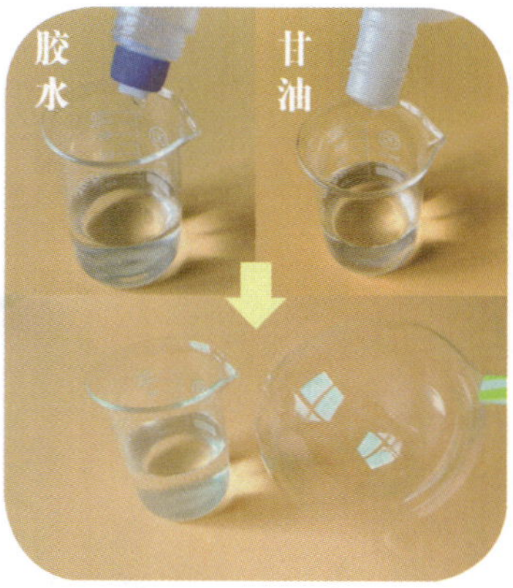

加入胶水和甘油

吹泡泡和装瓶保存

小贴士

当用吸管蘸取清水时，无法吹出泡泡；当加入洗洁精后吸管便可以吹出泡泡，但泡泡较小且易破裂；加入胶水和甘油后泡泡液则可以吹出更大的泡泡，且在空中停留更久。这是由于泡泡依赖于水的张力形成，但是水容易蒸发从而导致泡泡破裂，而胶水和甘油可以起到一定黏合的作用，可以减缓水的蒸发，使泡泡膜变得更厚更结实，能做出更大的泡泡，泡泡也能在空中留存更久。

继续探究

1. 继续思考：想一想，改变泡泡液成分的配比，会有怎样的效果呢？如果往泡泡液里分别添加洗手液、洗衣液、沐浴露等会有怎样的效果呢？

2. 继续尝试：尝试改造泡泡器。用剪刀在吸管的尾部小心地剪几刀，再把尾部撑开做成花朵的样子（注意：请小朋友在家长或老师的陪护下安全规范使用剪刀）。

3. 继续创作：你能吹出方形或其他形状的泡泡吗？

吸管参考

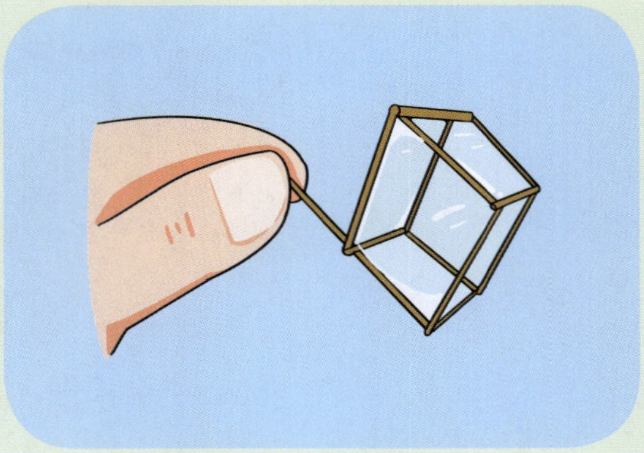

方形泡泡架

知识链接

泡泡为什么呈圆形呢？在形成气泡的分子之间存在一种作用力（表面张力）使其形成包围具有最小表面积而最大体积的形状——球形。这就是为什么当你试图通过一个特殊形状的“魔杖”吹泡泡时它仍然变成一个圆球。而这种“膜结构”在建筑中也有应用，北京奥运会场馆国家游泳中心“水立方”就是借助其灵感建造而成。

水立方外墙（示意）

活动评价

完成活动任务后，请对自己 / 自己小组的表现进行评价，看看能获得几种颜色的花瓣哟！

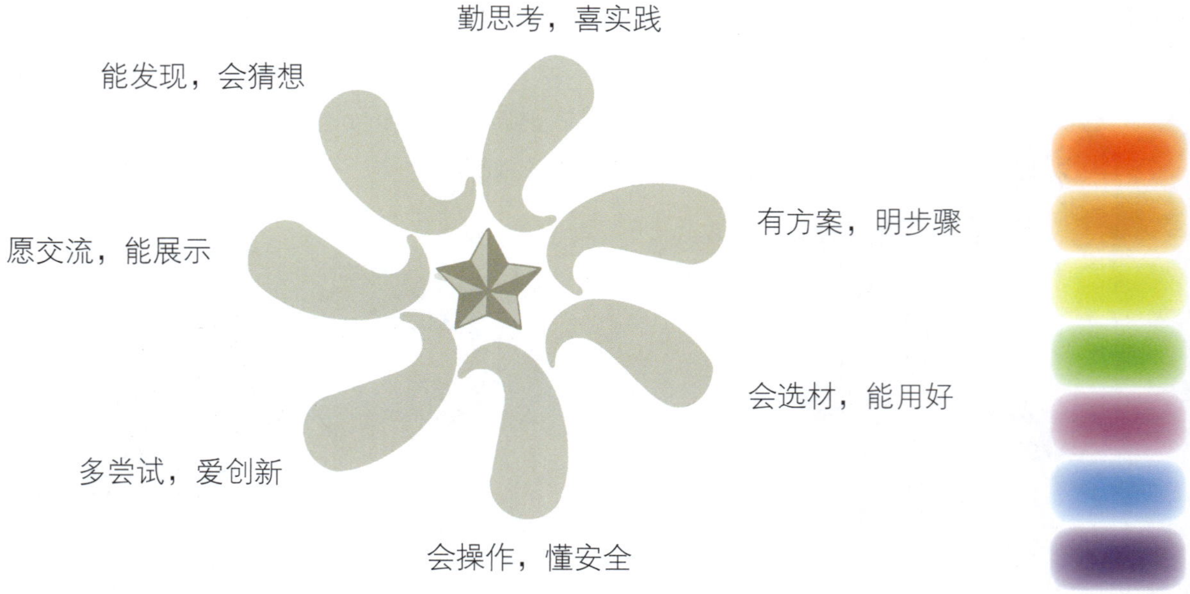

如果你是与他人（如同学、老师、家长等）合作完成的，可以点亮中央的小星星哦！

13 活动

四季美丽动起来

生活中的发现

四季的美无处不在，每一个季节都有着独特的风景和韵味，随着时间的流转，不断地变换着色彩和形态，呈现出不同的美感。四季的美，我们可以用画笔记录下来。但你有办法让四季的美“动”起来吗？让我们使用油性笔、水、勺子等身边材料试试看吧！

任务要求

找一找：找出四季的特点。

画一画：画出能够体现四季特点的景物。

做一做：将四季美丽漂浮起来。

我的实践

我的发现

我的猜想

我准备这样做

给你的参考

材料参考

彩色白板油性笔、水、陶瓷勺子、大碗、盘子、抹布等。

活动材料

视频参考

方法参考

（1）构思图案，反复涂抹

用白板笔在勺子上画出有关四季的简单图案，反复涂抹，涂层厚一点实验效果更好。

（2）画完晾干，等候片刻

画完以后，让颜料晾干两到三分钟。

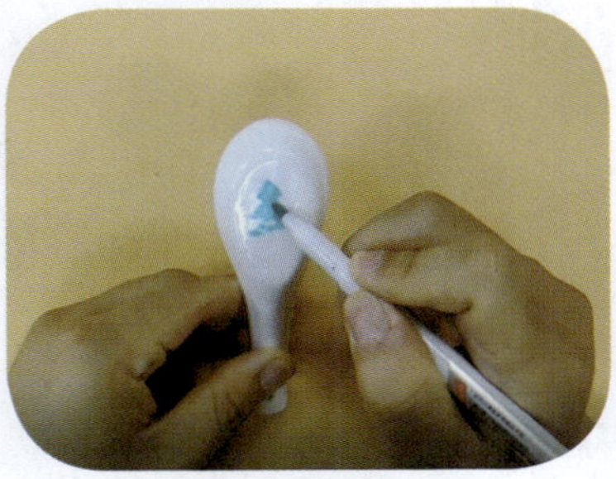

绘画图案

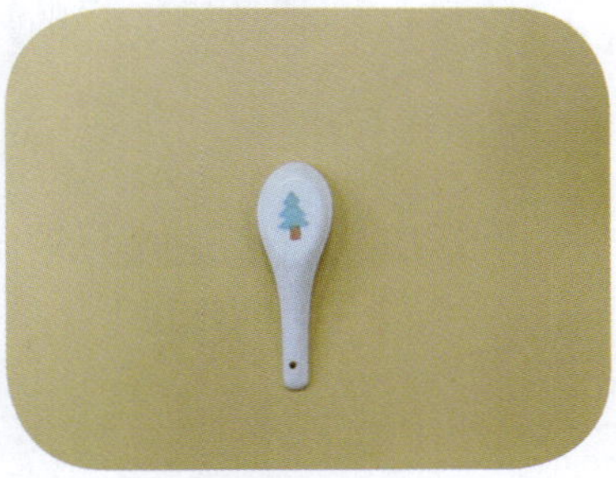

颜料晾干

（3）缓缓下水，图案剥离

下水之前可以先把勺子底部的图案轻轻沾一下水。然后把有图案的那一面斜着缓缓浸入水里，你会看到图案从勺子的底部剥离下来，浮在了水面上。

缓缓入水

图案剥离

（4）增加创意图案，让四季的美动起来

发挥你的想象力，创作各种代表四季景物的图案，欣赏“舞动四季”的美。

欣赏“舞动四季”的美

小贴士

彩色白板笔在勺子上绘制的图案在水中能分离开来，运用的是“水油分离”的原理。为了使图案“运动”范围较大，可以选择较大的盛水容器，大碗和水盆都是较好的选择。除了在勺子底部作画，还可以在盘子内侧作画。图案绘制完后，向盘子的两边轻轻倒入水，四季的美也能动起来。

盘子内侧作画

轻轻倒水，晃动盘子

继续探究

1. 继续思考：为什么绘制的图案能浮在水面上？
2. 继续创作：用其他材料与工具尝试创作，看一看哪些物质间不相容。

知识链接

绘制的图案在水面“舞动”是因为白板笔颜料是油性的，油与水不相容，产生了“水油分离”的现象。由于油比水轻（即油的密度比水小），所以油性笔绘制的图案会浮在水面上。这种现象在生活中是常见的，如煮肉的时候，我们可以看到油脂漂浮在肉汤上面；在处理污水时，有时也会利用“水油分离”的原理，分离污水中的油脂，这对提高后续处理的效率、降低对环境的污染起到一定的作用。

活动评价

完成活动任务后，请对自己 / 自己小组的表现进行评价，看看能获得几种颜色的花瓣哟！

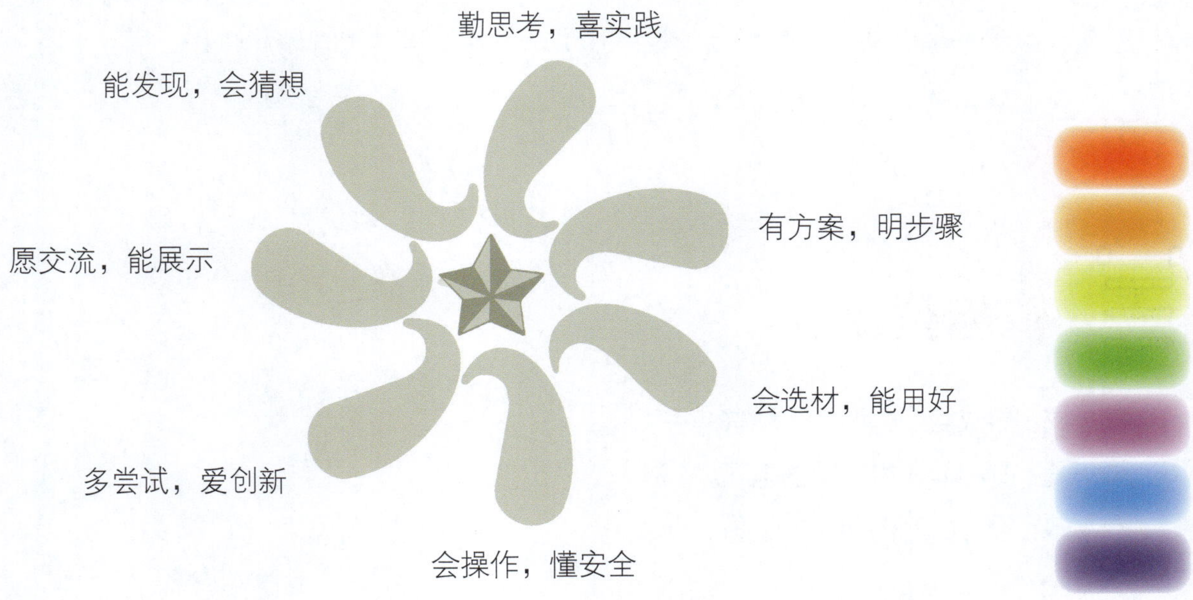

如果你是与他人（如同学、老师、家长等）合作完成的，可以点亮中央的小星星哦！

14 活动

种子的别样用处

生活中的发现

生活中你见过哪些豆子呢？赤豆、绿豆、黄豆、黑豆、白扁豆、紫圆豆……它们不仅是五谷杂粮，还是植物的种子。大自然里的植物种子形状多样、色彩丰富，而且用处很多。让我们一起收集种子，创作一幅种子拼贴画吧！

任务要求

找一找：寻找身边的种子，观察种子。

画一画：画出种子拼贴画的轮廓。

做一做：设计、制作种子拼贴画。

我的实践

我的发现

我的猜想

我准备这样做

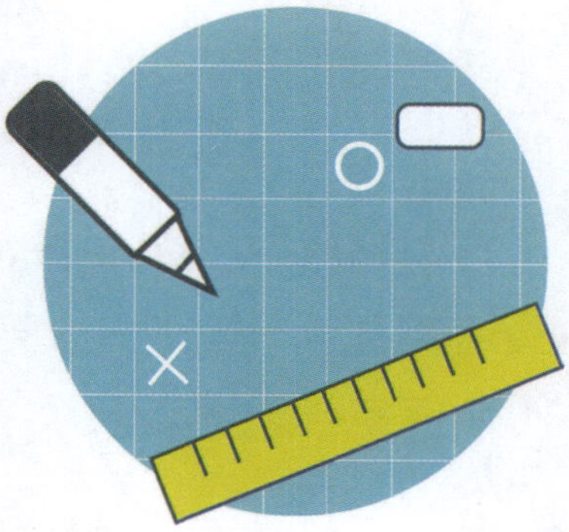

给你的参考

材料参考

黄豆、绿豆、红豆、黑豆、黄米、糙米等种子；

镊子、铅画纸、铅笔、白胶、记号笔等。

视频参考

选择的种子

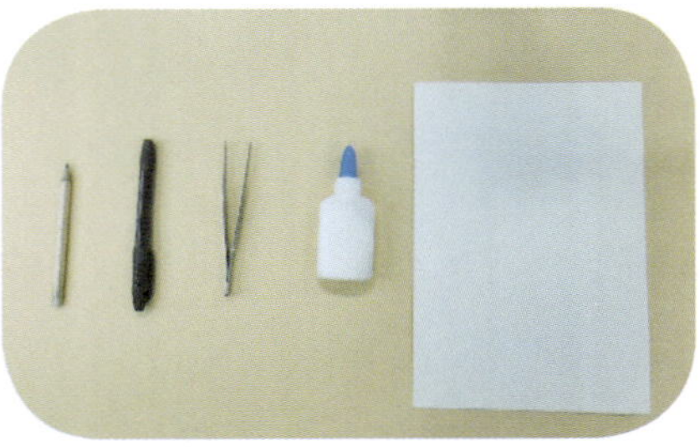

活动材料

方法参考

（1）收集种子，认识种子。

（2）设计图案，画出轮廓。用铅笔画出种子拼贴画的轮廓草稿，并用记号笔勾勒轮廓。

认识种子

画出拼贴画的轮廓

（3）粘贴种子，美化制作。将白胶涂抹在作品的轮廓上，再选择大小合适的种子仔细粘贴在轮廓上，最后把空余部分填充完整。

（4）等待静置，作品展示。画面静置于桌面，等待白胶凝固，种子粘贴画就完成啦。

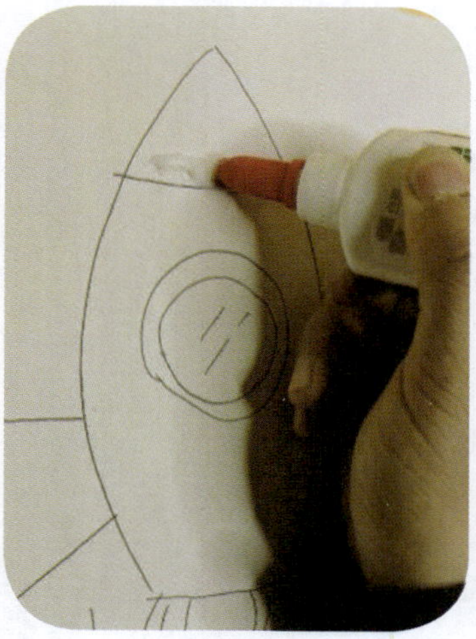

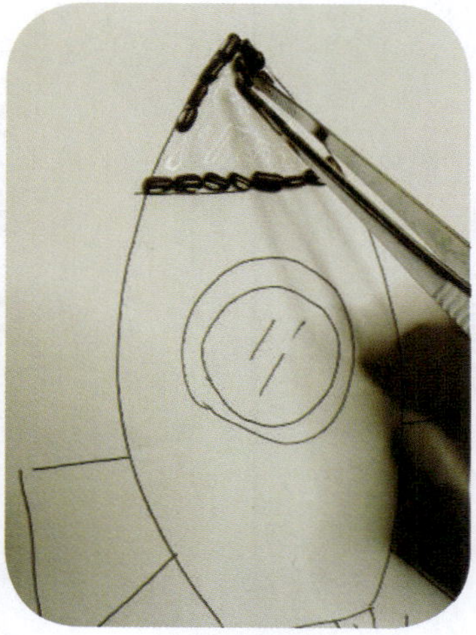
粘贴种子

静置等待

小贴士

实践发现，画出所设想图案的轮廓后，就可以根据种子的颜色和颗粒大小选择粘贴画作，比如需要填充绿色时，可以选择绿豆种子、豌豆种子等。粘贴种子时，可以在空间大处粘贴颗粒大的种子，如大豆种子；空间小处粘贴颗粒较小的种子，如小麦种子、小米种子等；还可以用颗粒小的种子填补缝隙处。这样利用生活中色彩丰富、大小形态各异的种子就可以完成一幅独特的种子画啦。

继续探究

1. 继续思考：用白胶粘贴种子时，手上会粘上白胶，清洗起来十分麻烦，还能用哪些材料粘贴种子？

2. 继续创作：除了用种子制作拼贴画以外，尝试用植物的其他部分制作拼贴画，比如树叶、花瓣等。

知识链接

除了在植物的繁殖上起到重要作用外，种子还有许多用处。有些种子可以被人们食用，比如小麦种子、水稻种子、大豆种子、蚕豆种子等；有些种子能用来制作供牲畜食用的饲料，如小麦种子磨成面粉之后的残渣，用于制作给牲畜食用的饲料；有些种子含油量非常高，通过压榨之后能获得食用油或调味剂，如花生种子、芝麻种子、油菜种子等。

活动评价

完成活动任务后，请对自己/自己小组的表现进行评价，看看能获得几种颜色的花瓣哟！

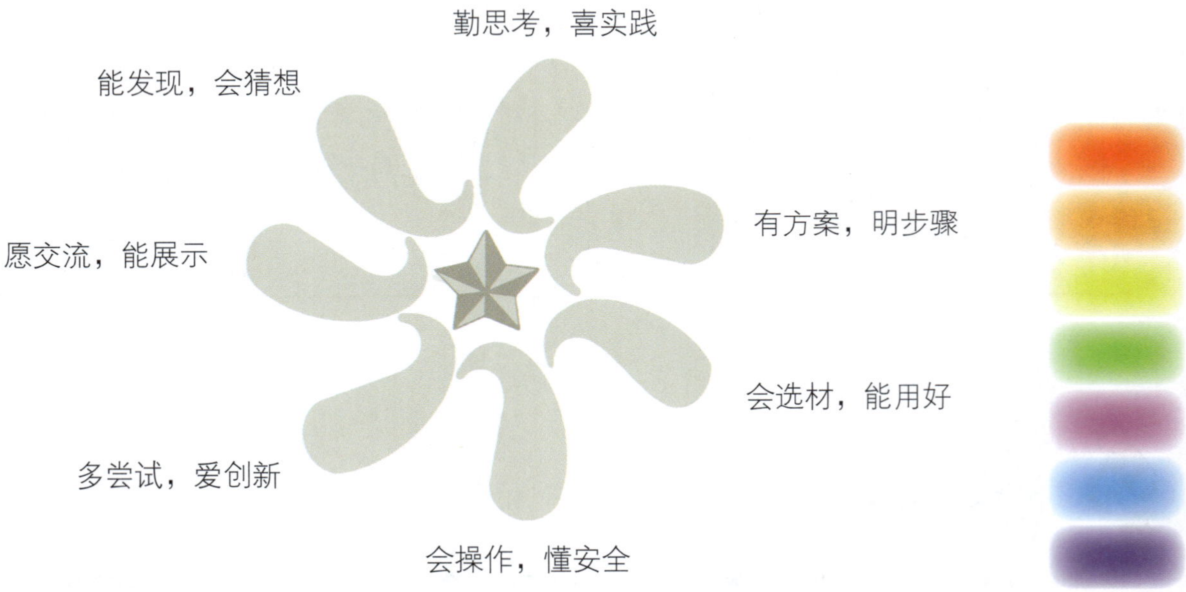

如果你是与他人（如同学、老师、家长等）合作完成的，可以点亮中央的小星星哦！

15
活动

缤纷的果蔬染料

生活中的发现

云南大理有条“扎染一条街”，在那儿会看到各种各样印着蓝色图案的布料，它们被做成了衣服、围巾、手帕等。这种不仅有艳丽的蓝色，其丰富的对称图案也格外漂亮。扎染的染料来源于植物，图中的印花蓝布是用板蓝根的汁液染成的，是不是很神奇？自然界的植物居然能染色！想不想尝试一下这种神奇的工艺呢？

扎染布

板蓝

任务要求

找一找：寻找身边可以染色的植物。

选一选：选择想要呈现的颜色。

做一做：制作“扎染”对称画。

我的实践

我的发现

我的猜想

我准备这样做

给你的参考

材料参考

紫甘蓝、橙子、菠菜、火龙果等果蔬；宣纸、榨汁机、杯子、滴管、一次性橡胶手套、垫板等。

活动材料

视频参考

方法参考

（1）制作蔬果染料。分别将蔬果洗净榨汁，汁液置于杯中待用。

（2）折叠宣纸。将宣纸多次对折（展开观察对折线，想象对称的样式）。

（3）蔬果染色。设想染色的部位，选择颜色，用滴管蘸取果蔬汁，滴在宣纸上。注意要充分浸润宣纸的每一面。

（4）展开晾干。将宣纸展开、铺在垫板上，自然风干。完成后，要将所有工具清洗干净。

榨汁待用

折叠宣纸

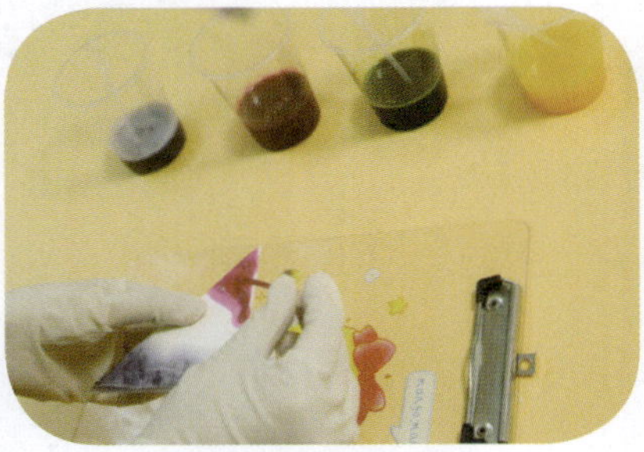

蔬果染色

展开晾干

小贴士

蔬果的种类非常多，为了让染色效果更明显，我们可以选择颜色较深的果蔬。为了便于榨汁，可以选择水分较多的果蔬。用不同的折法折叠宣纸，图案的效果会不同。另外在宣纸不同的位置滴加果蔬汁，图案的效果也不同，每一次打开都是小惊喜哦！

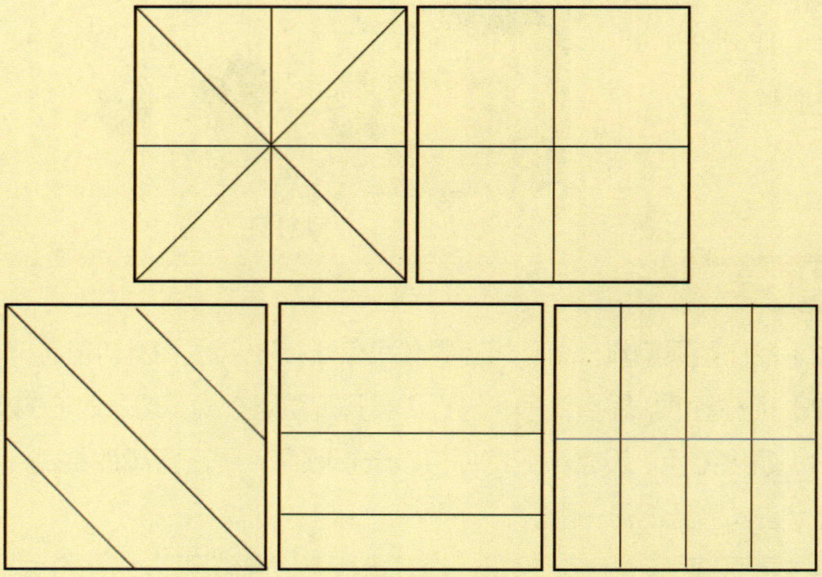

参考折叠方法

继续探究

1. 继续尝试：对其他材料进行染色，如布料。
2. 继续思考：布料折后容易“散”，如何进行固定呢？
3. 继续创造：你可以叠出更好的形状，扎染出更有创意的图案吗？

知识链接

扎染是中国传统工艺。东晋时期扎染工艺已经相当成熟。扎染工艺分为扎结和染色两部分。它是通过纱、线、绳等工具，对织物进行扎、缝、缚［fù］、缀［zhuì］、夹等多种形式组合后进行染色。常用的染料有红花、紫草、蓝靛［diàn］等。

活动评价

完成活动任务后，请对自己/自己小组的表现进行评价，看看能获得几种颜色的花瓣哟！

如果你是与他人（如同学、老师、家长等）合作完成的，可以点亮中央的小星星哦！

16 活动

留住秋天的颜色

生活中的发现

有人说，秋天是金黄色的，一到秋天，满树的银杏叶犹如翩翩起舞的黄色蝴蝶；有人说，秋天是黄褐色的，你看梧桐的树叶黄里透着褐色；有人说，秋天是红色的，你看那枫叶红似二月花；有人说，秋天还是绿色的，你看成片的樟树还坚守着绿色。我说，秋天是绚丽多彩的，我要用一个特别的方式留住秋天的色彩印迹——植物拓［tà］印。

鸡爪槭

鸡爪槭拓印画

任务要求

找一找：寻找身边的“秋色”，采集植物的叶。

摆一摆：将树叶组合成图案。

做一做：制作植物拓印作品。

我的实践

我的发现

我的猜想

我准备这样做

给你的参考

材料参考

鸡爪槭叶片、白棉麻布、胶带、锤子等。

活动材料

视频参考

方法参考

（1）采集秋叶，洗净待用

采集“秋色”中植物的叶片，清洗干净。

（2）设想图案，摆放组合

将叶片自由组合，叶片的正面朝上，在白棉麻布上摆出喜欢的图案。颜色较深部分一般是叶片的正面，颜色较浅部分一般是叶片的背面。

采集叶（如鸡爪槭叶片）

摆放叶片

（3）定位贴合，小锤轻击

用胶带将叶固定住，不要留下空隙，翻转白棉麻布，用白布包裹小锤子（或包裹小块重物来代替）。用小锤子轻柔均匀地敲击布的反面，直至敲出明显的汁水，见到清晰的叶片轮廓脉络即可。

（4）剥离胶带，取下秋叶

将胶带和叶片取下，展开晾干棉麻布，静待效果。

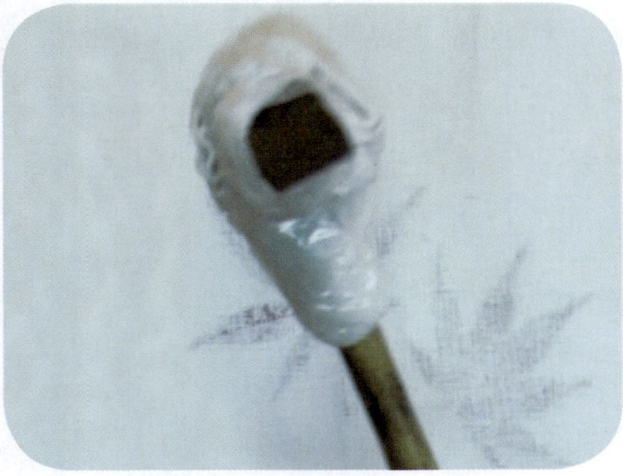

小锤子敲击

拓印画完成

小贴士

植物叶的种类非常多，为了使拓印效果更明显，建议选择颜色鲜艳、水分充足的植物叶。用明矾加水泡一下布片，可以使得颜色保持得更加持久。若家中没有明矾，也可以用食盐代替。

继续实践

1. 继续思考：为什么不建议使用即将枯黄的叶做植物拓印画呢？
2. 继续尝试：在其他材料上完成植物拓印，如在宣纸、铅画纸上。

知识链接

植物拓印，历史久远。在植物拓印的过程中，人们发现可以从植物中提取各种颜色作为染料。如蓝草中提取蓝色，紫苏中提取紫色，茜［qiàn］草中提取红色，姜黄中提取黄色等。“青青子衿［jīn］”“绿衣黄裳”，这是中国最早的诗歌总集《诗经》中有关植物染料的描述。

活动评价

完成活动任务后，请对自己 / 自己小组的表现进行评价，看看能获得几种颜色的花瓣哟！

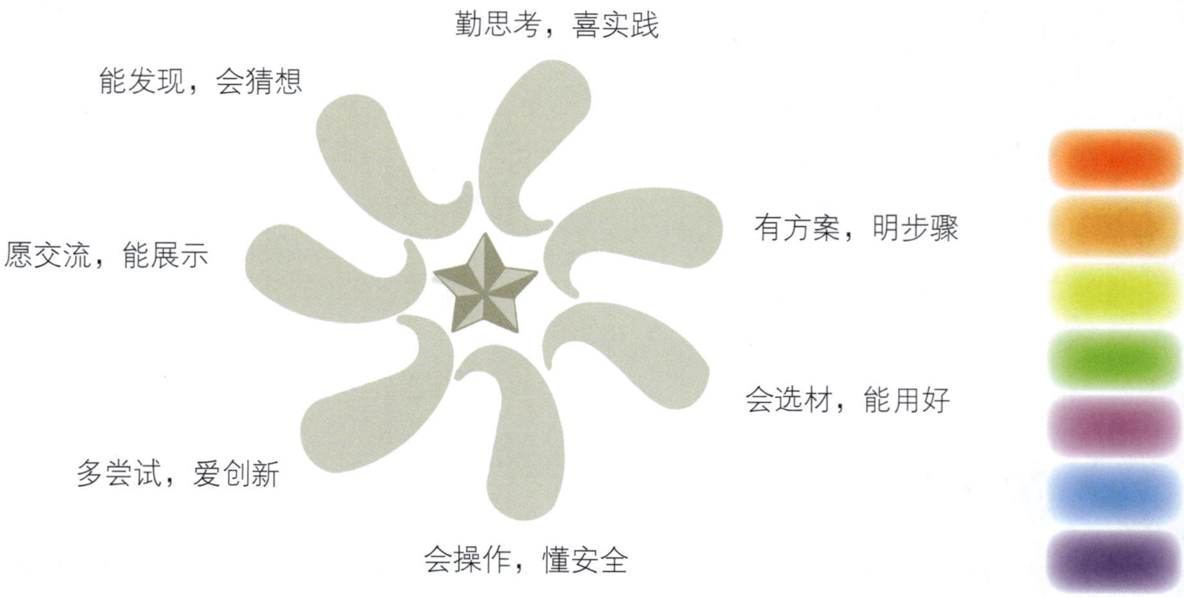

如果你是与他人（如同学、老师、家长等）合作完成的，可以点亮中央的小星星哦！

17 活动

留下叶片的印记

生活中的发现

鲜花的美，美得张扬；绿叶的美，美在细节。叶片上粗细不等的脉纹，叫作叶脉：它们有的像一根根平行的线，有的像一根羽毛，有的像一张大大的网……让我们一起记录下叶片中的秘密，把它们印在“化石”中，保存起来细细品味！

叶片上的叶脉

叶脉化石

任务要求

找一找：寻找不同植物的叶。

选一选：选择不同形状、不同叶脉的叶。

做一做：制作叶脉化石。

我的实践

我的发现

我的猜想

我准备这样做

给你的参考

材料参考

常春藤叶、桂花叶等；石膏粉、清水、颜料、画笔、杯子、一次性托盘、玻璃棒等。

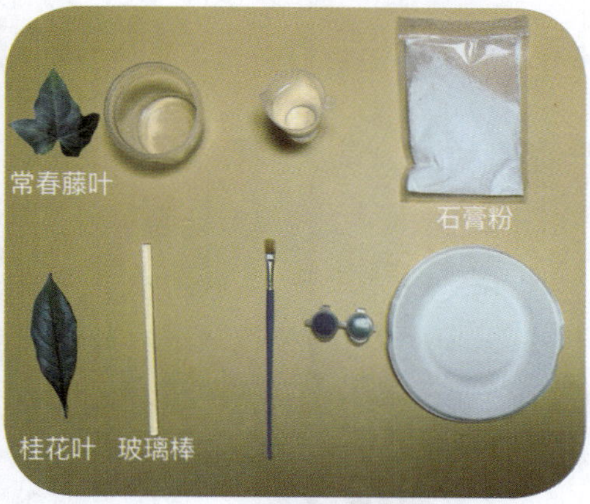

活动材料

视频参考

方法参考

（1）选择叶片，洗净备用

寻找植物叶片，采摘备用，并将它清洗干净。

（2）调配石膏，制作模具

石膏粉放入杯子，多次加入少量水搅拌至粘稠。

洗净叶片

调配石膏

（3）设想造型，正确摆放

将石膏液体轻轻地倒在盘中，叶片背面朝下轻轻放在石膏上，等待 10～15 分钟。

（4）揭去叶片，涂上颜色

轻轻揭去叶片，静置 1～2 小时，让石膏完全硬化；给“叶脉化石”涂上喜欢的颜色。

放置叶片

给“叶脉化石”上色

小贴士

叶脉的种类非常多。大家可以根据下图选择硬质、叶脉较易辨识的叶片，这样印出的效果会更棒，更加立体！

掌状网脉

羽状网脉

弧形平行脉

直出平行脉

分叉状脉

继续探究

1. 继续思考：有没有好办法可以加快石膏硬化呢？
2. 继续尝试：除了“叶脉化石”，你还可以制作哪些“化石”呢？
3. 继续创造：将多种叶片组合成一幅“叶脉化石”画作。

知识链接

化石是生活在遥远过去的生物遗体或遗迹变成的特殊石头。在漫长的地质年代里，地球上曾经生活过无数的生物。这些生物死亡后的遗体中的有机物质分解殆尽，坚硬的部分如外壳、骨骼、枝条等与包围在周围的沉积物一起经过石化变成了石头，但是它们原来的形态、结构（甚至一些细微的内部构造）依然保留着；同样，那些生物生活时留下的痕迹也通过这种方式被保留下来。科学家把这些石化的生物遗体、遗迹称为化石，如恐龙化石、文昌鱼化石、三叶虫化石等。

三叶虫化石

鱼骨化石

活动评价

完成活动任务后，请对自己 / 自己小组的表现进行评价，看看能获得几种颜色的花瓣哟！

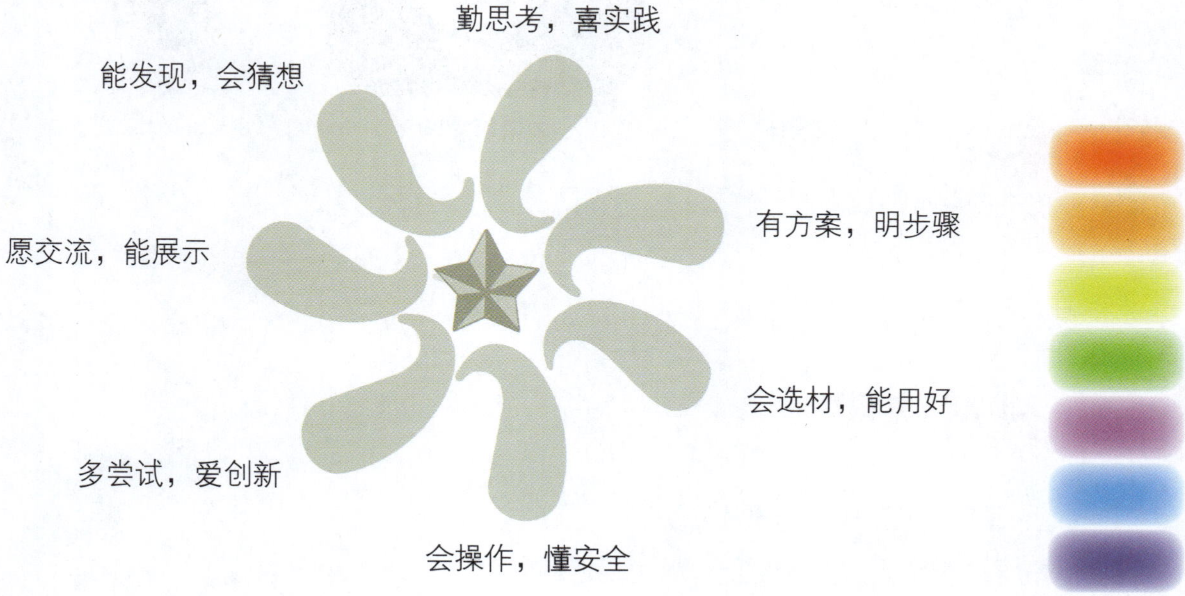

如果你是与他人（如同学、老师、家长等）合作完成的，可以点亮中央的小星星哦！

18
活动

可以“吃”的土壤层

生活中的发现

“泥娃娃，泥娃娃，一个泥娃娃，也有那眉毛，也有那眼睛，眼睛不会眨……”儿歌中的“泥娃娃”来自哪里呢？对了，来自土壤。土壤是许多生物的家，它并不只是表面棕褐色的那层哦！土壤有多种颜色，其内部还有分层结构。想知道土壤的秘密吗？让我们一起走进土壤的世界，模拟制作“分层”土壤吧！

土壤的表面

可以吃的分层“土壤”

任务要求

查一查：了解有关土壤的分层的知识。

找一找：寻找身边与土壤分层结构颜色相近的食用材料。

做一做：制作可以“吃”的土壤层。

我的实践

我的发现

我的猜想

我准备这样做

给你的参考

材料参考

黑色饼干、巧克力豆、软糖、橡皮糖等；玻璃杯、便笺纸、勺子等。

活动材料

视频参考

小贴士

食材的选择，除了关注是否与土壤层的颜色相近以外，还需具备可加工的特点，如易于打碎、撕成条状等。最好是同种类的食材，如都是饼干、糖果类，或都是蔬菜类等。

方法参考

（1）查一查，土壤的分层

初步了解土壤的分层结构。从下到上依次是：基岩、母质层、心土层、表土层、有机物。

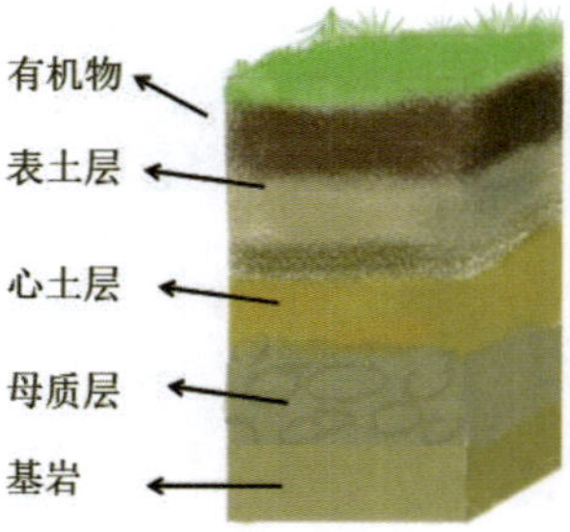

土壤的分层

（2）选择食材，模拟土壤

可以根据土壤层的颜色、硬度等特点选择合适的食材。

基岩比较坚硬且完整，可以用较厚的整块饼干来模拟。

母质层由不同类型的岩石块状叠加而成，可用巧克力豆来模拟。

心土层位于表土层下方，较紧实。可用巧克力酱灌注，降温后会变硬。

表土层由松到紧，可将饼干打碎，上方较松，下方用勺子压紧。表土层上方有落叶枯枝，可用少数绿色食物点缀，其总体颜色为褐色。有机物可用绿色的软糖剪成条状，铺在表土层上，也可以混入不同颜色，模拟显现植物。

（3）从下至上，依次铺设“土层”

将准备好的材料提前分装在小盘子中，按照基岩、母质层、心土层、表土层、有机物的顺序依次利用勺子放入透明杯子中，每放一层注意用勺子压平。

（4）粘贴标签，展示作品

土壤各分层添加完毕后，制作各分层名称的便签条，粘贴于杯壁，对应分层位置，向同伴展示你的土壤层。

“土壤”的制作过程

小贴士

土壤的表土层是为植物生长提供有利环境；心土层对保水保肥作用影响较大；底土层（母质层）几乎未受耕作影响，植物根系极少。

实验中使用的实验食材，不可食用。

继续实践

1. 继续思考：土壤层中是否有动植物存在呢？
2. 继续创作：尝试用合适的食材模拟这些生活在土壤中的生物。

知识链接

土壤是岩石在风化作用下形成的，土壤的形成是一个极其漫长而复杂的过程。黑土是世界公认的最肥沃的土壤，被誉为“耕地中的大熊猫”，在自然条件下形成1厘米厚的黑土层需要400年左右的时间。全球黑土区仅有三片，分别位于乌克兰第聂伯河畔、美国密西西比河流域和我国东北平原。

黑土地之所以肥沃，是因为里面有大量的“营养”，为农作物根系提供最合适的生长条件。但黑土也不是永远都充满“肥力”。所以在农业生产过程中也要注意对黑土进行保护，合理利用。

活动评价

完成活动任务后，请对自己/自己小组的表现进行评价，看看能获得几种颜色的花瓣哟！

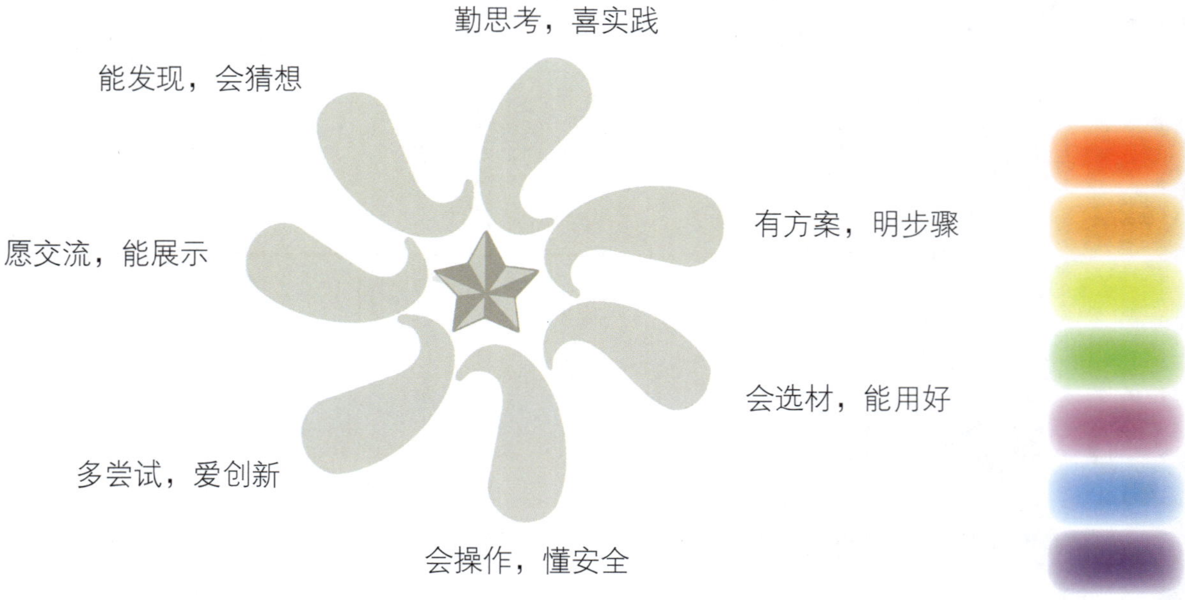

如果你是与他人（如同学、老师、家长等）合作完成的，可以点亮中央的小星星哦！

19 活动

趣味天气记录板

生活中的发现

晴是太阳火辣辣，雨是雨点滴嗒嗒，多云是云彩与太阳在捉迷藏。每天的天气好像都在变化，及时记录天气，可以给穿衣出行等带来便利哦！如雨天出门要带伞，冬日降温多穿一件衣物等。今天的天气又是怎样的呢？赶紧记录下来，成为家中的天气记录员吧！

任务要求

查一查：查阅有哪些常见的天气符号。

画一画：用彩笔画出各种不同的天气符号。

做一做：制作每日趣味天气记录板。

我的实践

我的发现

我的猜想

我准备这样做

给你的参考

材料参考

白卡纸、双面胶、尺、油画棒、安全剪刀、双脚钉等。

活动材料

视频参考

方法参考

（1）划分区域，设计版面

选取大小合适的白卡纸，作为天气记录板的底板。设计记录板的版面内容，划分出具体的区域，如温度区、天气符号区、穿衣提示区等。

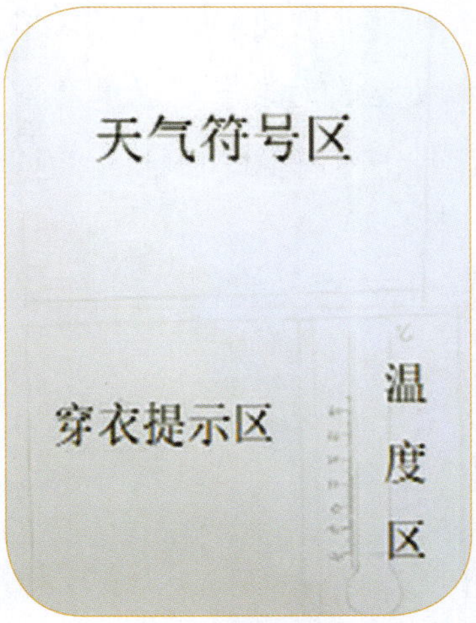

设计版面内容

制作符号卡片

（2）绘图设计，制作符号卡片

选择卡纸或纸板，用彩笔画出天气符号、穿衣符号、温度计等。用剪刀沿线剪下，并在卡片的背面粘贴双面胶。

（3）安装箭头和温度滑条

设计箭头款式，制得两个箭头，用双脚钉分别固定在天气符号区与穿衣提示区。剪出一张与温度计宽度相似的纸条，涂上红色，作为温度滑条，温度滑条高度要高于温度计。用刀片在温度计的最低温度和最高温度刻度线处划开，将上完色的纸条从开口中插入。

（4）转动箭头，抽动滑条，指示天气情况

根据每天的天气实况，转动箭头选择对应的内容，提示每日的穿衣、出行准备。

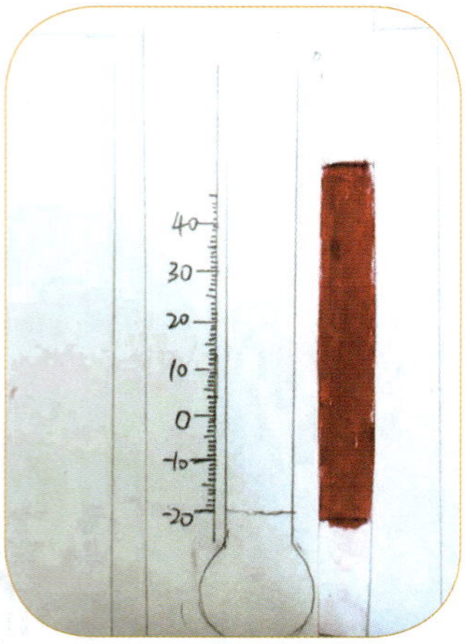

制作温度滑条

天气记录板

小贴士

思考天气记录板中哪些元素是必不可少的，哪些元素是需要更换或调整的。设计与制作前，要全面预想使用功能再选择合适的材料与工具。如记录板区域划分元素是固定不变的，那就使用牢固连接的材料、着色不易擦掉的笔等。再如各种天气符号卡片等元素会随天气变化而更换，就可以增加磁性条等材料，便于取下更换。还如气温等元素会随温度高低而调整，那么选取可擦拭的笔，或设计制作可调整的材料，才能达成预期设想。

继续实践

1. 继续思考：一天中的天气是否会发生变化？怎样在记录板中体现一天之内的变化？

2. 继续尝试：思考能指示晴或雨等天气变化的方法，如改造为可滑动的标尺。

3. 继续创作：丰富天气记录板的元素，如增加风向、雨量等信息。

知识链接

天气是指短时间发生的气象现象，如雷雨、台风等。自古以来，人们关注天气，并用符号记录天气。早在约三千年前的甲骨文中，就出现了对风、雪、雹、雨、霾等天气的记载。一些流传在民间的谚语中也记录了天气变化的规律，如“蚂蚁搬家，天将雨”“有雨山戴帽，无雨山没腰”“天上扫帚云，三天雨降临”等。

甲骨文中的天气元素

活动评价

完成活动任务后，请对自己 / 自己小组的表现进行评价，看看能获得几种颜色的花瓣哟！

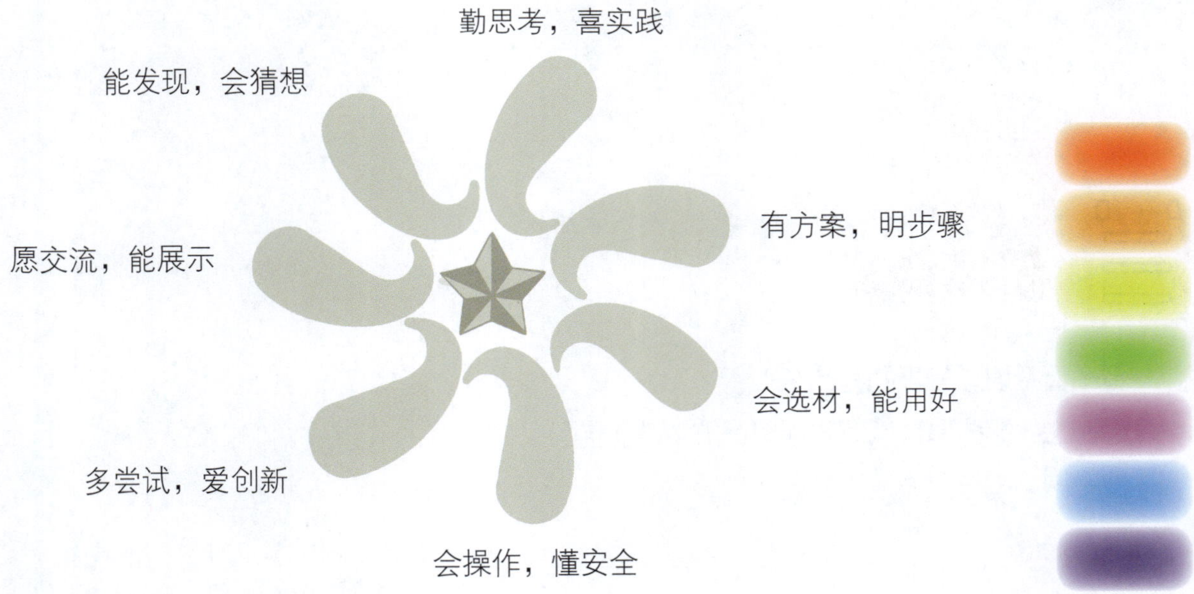

如果你是与他人（如同学、老师、家长等）合作完成的，可以点亮中央的小星星哦！

20 活动

童心保护地球村

生活中的发现

我们生活在同一颗星球上，那就是地球。地球是一颗美丽的行星，它的表面小部分是陆地，大部分由水覆盖，它是地球上所有生物的共同家园。但是，地球家园正遭到不同程度的破坏，我们不希望看到：广袤的植被逐渐收缩，蔚蓝的海洋逐渐暗淡。让我们行动起来！一起描绘美丽的地球家园，呼吁更多的人参与保护地球的行动！

任务要求

查一查：地球的表面有什么？

想一想：哪些倡议或行为可以保护地球家园？

做一做：制作保护地球家园行动转盘。

我的实践

我的发现

我的猜想

我准备这样做

给你的参考

材料参考

马克笔、油画棒、蜡笔、水粉、水粉笔、双脚钉、剪刀、卡纸、圆规、光盘等。

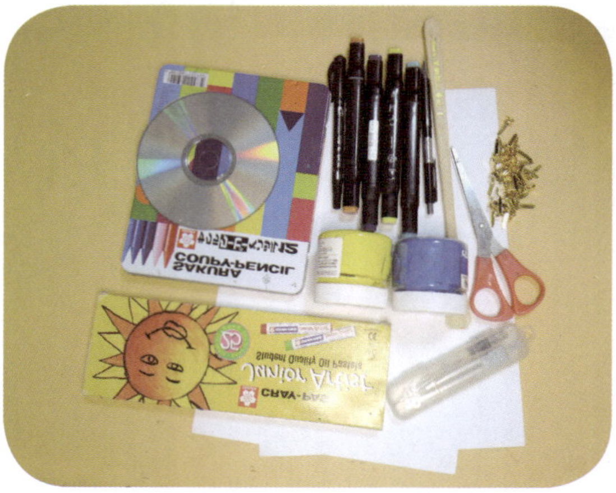

活动材料

视频参考

方法参考

（1）设计家园元素，绘制地球表面

使用圆规或光盘等工具在白纸上画个较大的圆代表“地球”。

再将海洋、陆地、动植物等图案绘制在大圆形中，丰富地球家园内容。

绘制“地球”轮廓

绘制草图

（2）上色美化，加固地球家园

用勾线笔进行勾线，用油画棒或蜡笔上色，使地球家园更美丽。用废纸板对地球家园进行加厚加固，使地球家园看上去更有立体感。

美化地球家园

（3）制作外圈“行动底盘”，环绕地球家园

用圆规和光盘绘制一个比地球家园更大的圆形底盘，在两个圆的圆心处做好标记。

想一想，保护地球家园，我们可以力所能及地做些什么，如低碳出行、种植绿植、垃圾分类等。这些可作为我们保护地球家园的小行动。将你的小倡议、小行动分别呈现在圆形“行动底盘”外边缘。

制作行动底盘

（4）添加“行动箭头”

用剪刀在卡纸上剪出一个箭头，并用红笔涂色，作为“行动箭头”。再将“行动箭头”粘贴在“地球家园”合适的位置上。

粘贴行动箭头

保护地球家园行动转盘

（5）转动“行动箭头”，保护地球家园

将地球家园放在底盘中央，圆心对着圆心；在两个圆形共同的圆心处，用双脚钉连接。

转动“行动箭头”指向地球家园需要帮助的地方，即指向行动底盘上的小倡议或小行动，说一说地球家园哪里发生了什么，需要我们要做什么或不要做什么。

小贴士

使用圆规或光盘绘制一个圆代表“地球”。记得标注圆心的位置，光盘的圆心在中间的小圆中，圆规的圆心则是圆规支撑腿点位置。虽然我们是用一个圆形代表地球，但记得地球是个两极稍扁、赤道略鼓的不规则球体哦！

行动箭头也可以做成灵活转动的样子，即可以设置在两个圆盘（行动底盘和地球家园）之间。

继续探究

1. 继续思考：有什么办法可以做个立体的地球球体模型？用什么材料制作比较合适呢？

2. 继续创作：设计与制作一个简易的地球球体模型。

知识链接

每年的 4 月 22 日是世界地球日，这是由盖洛德·尼尔森和丹尼斯·海斯于 1970 年发起，是一个专门为世界环境保护而设立的节日，现今已成为世界上具有较大影响力的民间环保节日之一。发起世界地球日的目的是：希望通过绿色低碳生活等行动，提高民众对于现有环境问题的认识，动员民众参与环保运动，改善地球的整体环境，保护我们美丽的地球家园。

活动评价

完成活动任务后，请对自己 / 自己小组的表现进行评价，看看能获得几种颜色的花瓣哟！

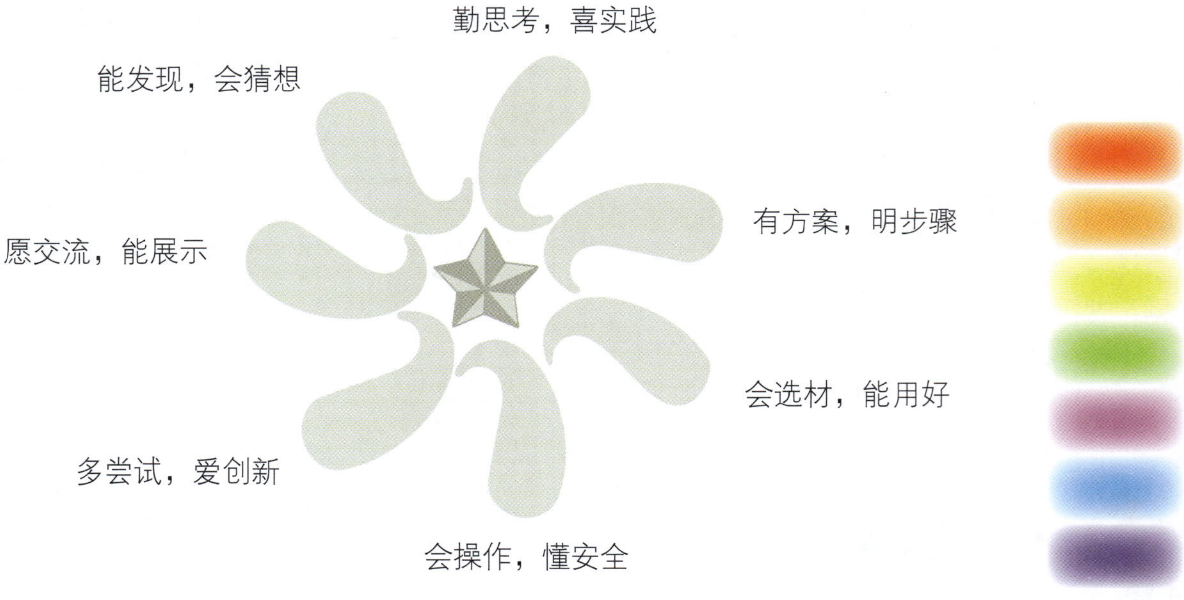

如果你是与他人（如同学、老师、家长等）合作完成的，可以点亮中央的小星星哦！

21 活动

厨余材料大翻身

生活中的发现

民以食为天，但一日三餐中难免会产生一些厨余垃圾，这些垃圾如果处理不当就会造成环境污染，危害健康。不过有一些材料如果经过科学合理的处理也可以“变废为宝”，成为可利用的资源。我们不妨寻找一些这样的材料，试着对它们进行改造和再利用吧！

任务要求

找一找：找出 5 种以上生活中产生的厨余材料。

选一选：从厨余材料中选择你想要改造的对象。

做一做：将你选择的材料变废为宝，完成创意作品。

我的实践

我的发现

我的猜想

我准备这样做

给你的参考

材料参考

贝壳、超轻黏土、彩笔、颜料、白纸、胶棒、牙刷。

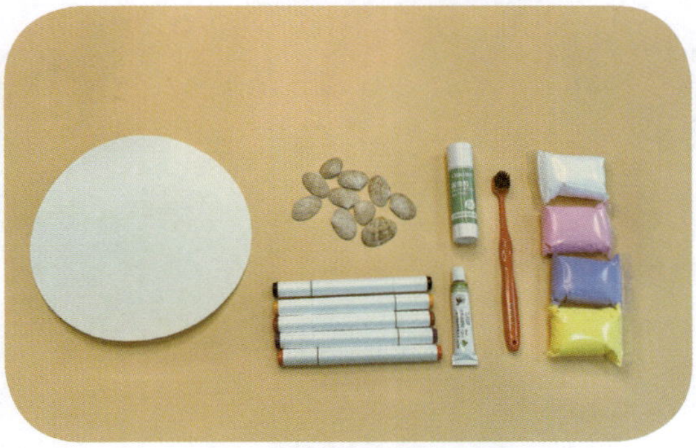

活动材料

视频参考

方法参考

1. 挑选形状大小相似的两个贝壳摆放在一起，拼成蝴蝶形状。

2. 用彩笔在贝壳上绘出喜欢的图案，用超轻黏土装饰贝壳。

摆拼贝壳

给贝壳上色

3. 用牙刷蘸［zhàn］取少量颜料轻轻刷在纸上，绘出草地，再将做好的贝壳贴在草地上方，画出蝴蝶的触角。

4. 利用超轻黏土创意点缀蝴蝶画，让其更美观。

刷出“草地”

绘制蝴蝶画

黏土点缀

小贴士

贝壳泛指生活在水边的软体动物的外壳，由软体动物的一种特殊腺细胞的分泌物所形成的保护身体柔软部分的钙化物。贝壳的主要成分为95%的碳酸钙和少量的壳质素，具有韧性好、强度高等优良特性，古人曾将贝壳用作饰物或货币。生活中，我们也可以利用贝壳、螺等制作贝雕、拼贴画、项链等更多有趣美观的工艺品。

继续探究

1. 继续尝试：试着用贝壳再做一串美丽的项链或风铃。
2. 继续创作：再选择一种厨余垃圾回收利用，创作出一个作品吧。

知识链接

在生活中也有许多处理家庭厨余垃圾的小妙招。例如：蛋壳含有碳酸钙，可以调节土壤酸碱性，因此我们可以将碎蛋壳撒在花土中用作植物肥料；鱼骨可以用来制作鱼骨标本……只要我们留心生活，就会发现许多废弃物或许会成为放错地方的宝贝。

活动评价

完成活动任务后，请对自己/自己小组的表现进行评价，看看能获得几种颜色的花瓣哟！

如果你是与他人（如同学、老师、家长等）合作完成的，可以点亮中央的小星星哦！

22 活动

妙趣横生人偶戏

生活中的发现

你看过人偶戏吗？台上的人偶活灵活现地进行表演，他们举起手、抬起脚，诉说着一个个精彩的故事。人偶是怎样动起来的呢？让我们一起动手制作人偶，表演一场妙趣横生的人偶戏！

机器人皮影

任务要求

查一查：查阅人偶是由哪些部分组成的。

找一找：寻找身边可用于制作人偶的材料。

做一做：制作人偶。

演一演：和小伙伴一起表演人偶戏。

我的实践

我的发现

我的猜想

我准备这样做

给你的参考

材料参考

筷子、木条、绳线、卡纸、彩笔、剪刀、双脚钉等。

活动材料

视频参考

小贴士

生活中的许多废旧材料都可以作为人偶的制作材料，如卡纸、快递盒、塑料瓶等。选择好合适的制作材料后，想一想，这些材料分别可以做成人偶的哪个部分？根据人偶身体的不同部分来合理使用材料。

方法参考

（1）结构设计，拆分人偶

绘制人偶的大致结构，包括头、躯干、四肢等部分。绘制的四肢与身体间隔一定距离，标识主要的关节结构。再进行裁剪。（可先在 A4 纸上绘制草稿，再在硬卡纸上按照实际大小制作，绘制轮廓，上色定稿。）

绘制人偶草图

（2）连接关节，装线操控

在头、四肢等提线位置分别用针线穿过并打结。在所有关节处打孔，并用双脚钉连接。将绳线连接到筷子做成的提线杆上，调整绳子长度。操控提线杆，调试人偶，检查提拉效果。

连接提线人偶各部分

（3）搭建舞台，演绎故事

用身边的材料搭建舞台的场景，和小伙伴一起提拉人偶，表演人偶戏。

人偶戏小舞台

小贴士

不同的人偶表情、不同的结构设计，都体现着你的创意！可以先从简单的人物造型开始模仿制作，再设计具有创意和故事情节所需要的人偶。制作时一定要注意工具的使用安全哦！

继续探究

1. 继续思考：如果使用布料制作人偶，人偶的各组成部分还有其他连接方法吗？

2. 继续实践：设计与制作一个布料制作的人偶。

3. 继续创作：尝试演绎更多的故事。

知识链接

人偶戏是中国木偶戏大家族的重要一脉，演出以人与人偶同台为特色，以艺人的声色来补充人偶的声色不足。人偶往往多以木质为框架、泥土填充，也称为“木偶”。木偶戏是汉族传统艺术之一，在中国古代又称“傀儡戏”。除此之外，一般还有牛皮、布袋制的人偶。操控方式一般有提线操作、手指操作、木杖操作等。

活动评价

完成活动任务后，请对自己 / 自己小组的表现进行评价，看看能获得几种颜色的花瓣哟！

如果你是与他人（如同学、老师、家长等）合作完成的，可以点亮中央的小星星哦！

23 活动

吸管小屋巧制作

生活中的发现

小鸡的好朋友们要来做客，小鸡准备了很多水果，放在哪里呢？要不，我们帮它搭一间用于储藏的小屋吧。身边有什么材料可以制作小屋呢？木块较硬、难切割，纸张较薄、遇水易破。吸管似乎可以，易弯折易剪短，按压吸管时感觉软软的、有弹性，吸管还有很多颜色，一定可以给小鸡搭一间漂亮的小屋。

各色吸管

吸管小屋模型

任务要求

找一找：收集相同粗细的塑料吸管。
画一画：设计吸管式小屋。
做一做：制作吸管式小屋。

我的实践

我的发现

我的猜想

我准备这样做

给你的参考

材料参考

粗细相同的塑料吸管、轧带、剪刀、胶带、双面胶、尺、笔等。

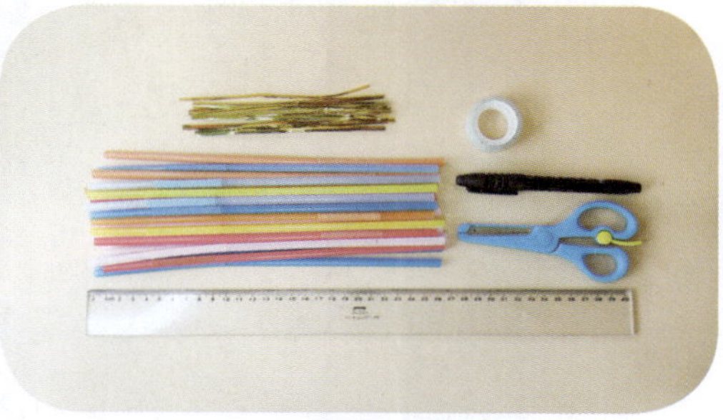

活动材料

视频参考

方法参考

（1）并排粘贴吸管，设计墙面造型

将数根吸管（如右图）并排摆放并粘住。按照设计图纸，标记修剪位置。（如“山状”吸管墙，每根吸管长度依次增加 1 厘米，到中间到达最大，随后依次减少 1 厘米。）

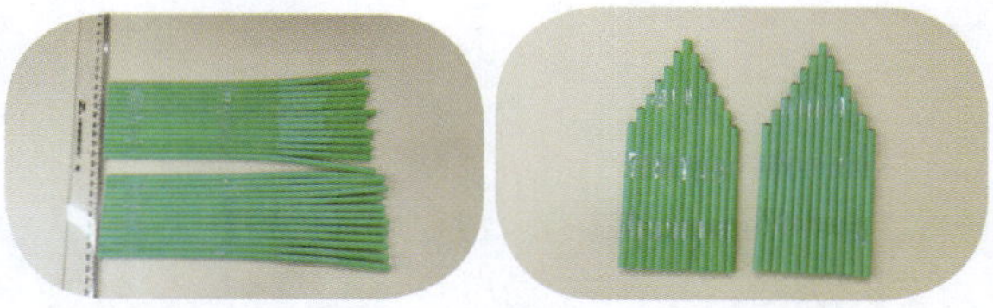

吸管墙面造型

（2）修剪吸管，在墙上开门窗

在一面山墙上方修剪边长 2 厘米的“窗户”开口。下方修剪高度 5 厘米、宽度 2 厘米的“门”开口。

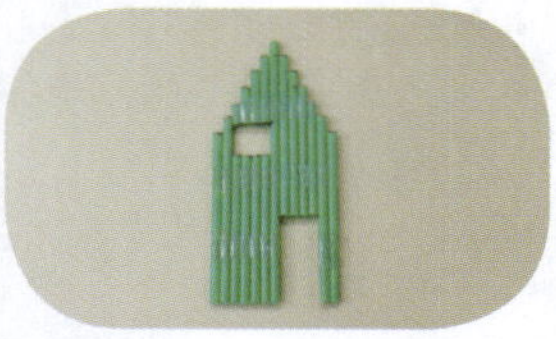

修剪“门窗”开口

（3）按标记修剪吸管，对称粘贴墙面造型

按照标记的位置修剪吸管，对称摆放墙面后粘贴牢固。

修剪并粘贴墙面

（4）制作门和窗，安装在山墙上

使用剩下的吸管，修剪成高度略小于 5 厘米、宽度略小于 2 厘米的门，以及边长略小于 2 厘米的窗户，并用轧带将门、窗安装在山墙的门窗位置。

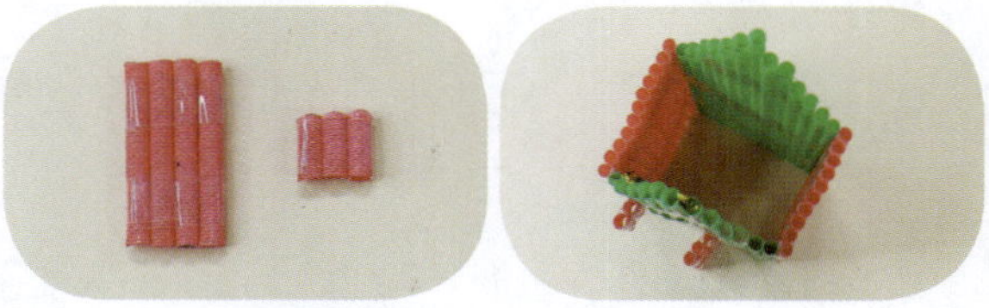

制作和安装门窗

（5）修剪吸管构建横梁，均匀覆盖顶部

修剪吸管至合适的长度，将它们架在对称的墙面顶端，作为横梁，与墙体牢固粘贴。

（6）利用弯管部位，构建屋顶

取用吸管的弯管部位，修剪至合适的长度，弯曲吸管，逐个架在横梁上方，牢固粘贴成屋顶结构。

粘贴横梁

粘贴屋顶

小贴士

制作墙体时，可以将吸管粘贴在卡纸上固定，也可以将吸管并排平铺后用胶带绑紧。拼接两根短吸管时，可以用剪刀将一根吸管的一端略微剪开，插入另一根吸管，在外侧用胶带环绕固定。

使用剪刀时注意安全。

继续探究

1. 继续思考：小鸡要进入小屋内，小屋的空间至少需要多大？小鸡长大后，怎样扩大小屋的内部空间？

2. 继续创作：制作一个便于加大空间的吸管小屋。

知识链接

房屋一般由屋顶、墙体、门和窗等组成，能防风避雨，供居住生活、储藏物资等。查阅一下我国少数民族的部分房屋造型，相信能启发我们将吸管小屋设计制作得更具特点。如傣族的竹楼、仡佬族的干栏式房屋等。

傣族竹楼

活动评价

完成活动任务后，请对自己/自己小组的表现进行评价，看看能获得几种颜色的花瓣哟！

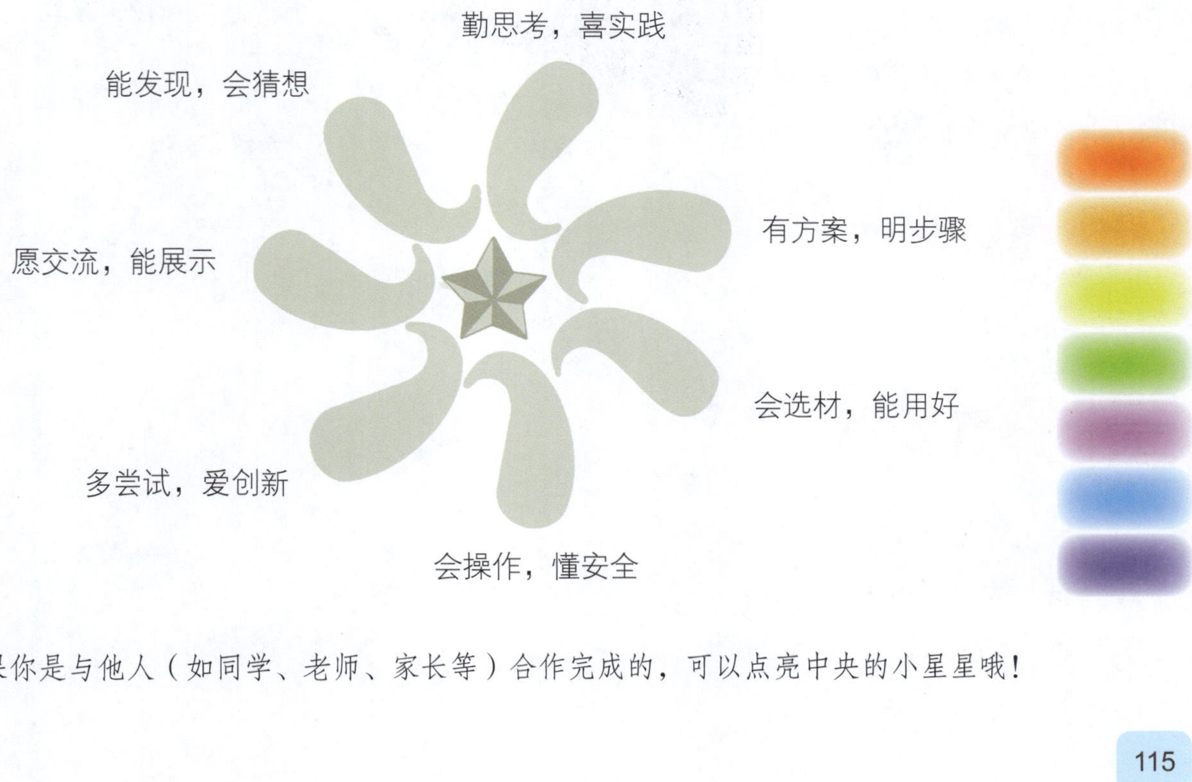

如果你是与他人（如同学、老师、家长等）合作完成的，可以点亮中央的小星星哦！

24 活动

巧搭吸管桁架桥

生活中的发现

桥在生活中很常见，它可以跨越河、江、海。在上海市的黄浦江和苏州河交汇处有一座外白渡桥，它是中国第一座全钢结构铆［mǎo］接桥梁，也是仅存的不等高桁［héng］架结构桥。桁架桥指的是以桁架作为上部结构主要承重构件的桥梁。主桁架包括上弦杆、下弦杆和腹杆，连接上、下弦杆的杆件叫腹杆。你想不想利用身边材料，做一个桁架桥模型呢？

上海外白渡桥

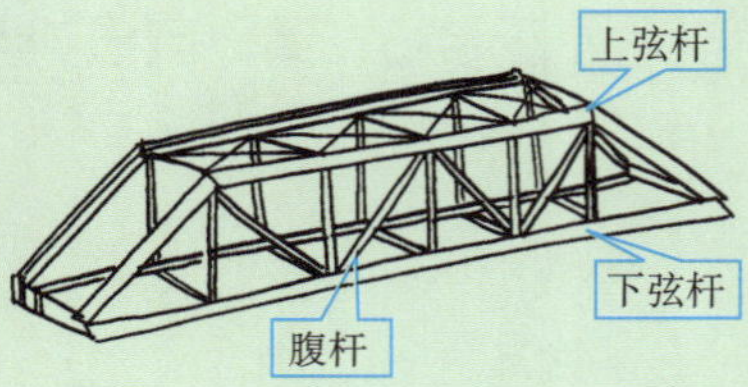

主桁架结构

任务要求

找一找：收集一些细长塑料吸管。

画一画：我设计的吸管桁架桥。

做一做：根据设计，制作吸管桁架桥。

我的实践

我的发现

我的猜想

我准备这样做

给你的参考

材料参考

细长塑料吸管、相同大小的纸盒、剪刀、胶带、双面胶、尺、笔等。

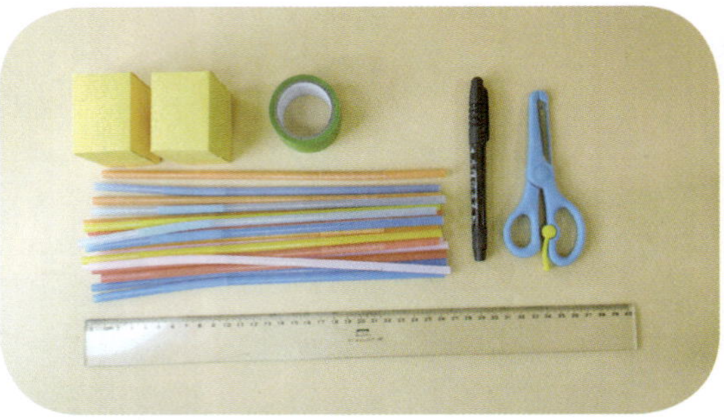

活动材料

视频参考

方法参考一

（1）修剪组合，制作加长吸管

连接 2 根吸管，使吸管“变长”：用剪刀将吸管的一端略微剪开，插入另一根吸管，在外侧用胶带环绕固定。

（2）弯折吸管，制作三角形腹杆

将吸管弯折成等边三角形，在管口连接处用胶带绑紧。

（3）制作主桁架

将三角形状依次平铺于桌面，在上方和下方分别连接吸管，用胶带绑紧固定，完成主桁架制作。

（4）制作桥面

将数根吸管并排平铺，用胶带绑紧，形成稳固的桥面。

（5）组合搭建（主桁架、桥面、横梁）

将对称的主桁架竖直放置于桥面

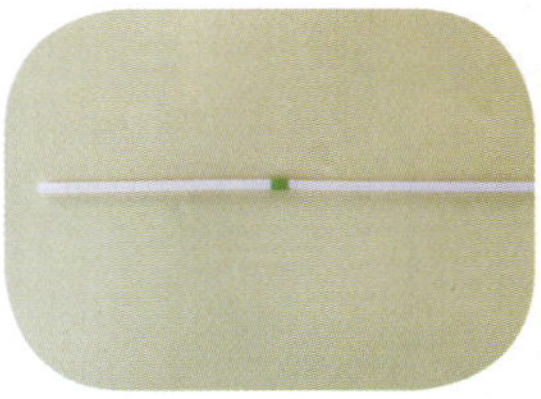

制作长吸管

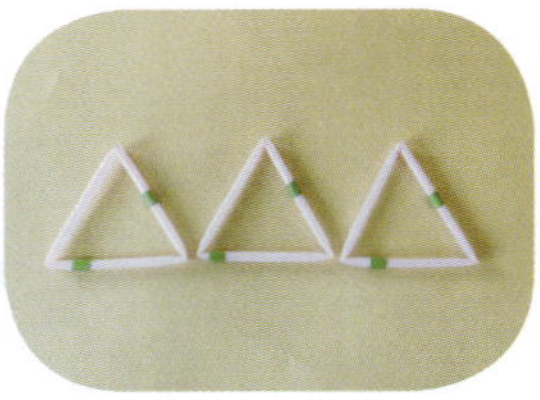

制作三角形腹杆

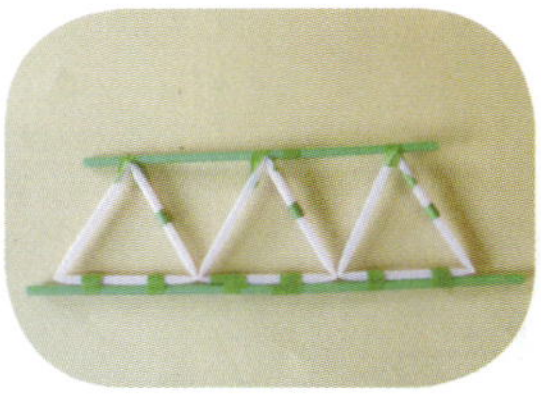

制作主桁架

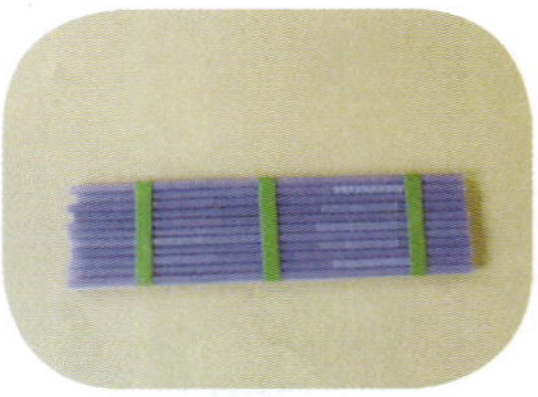

制作桥面

固定主桁架

固定横梁

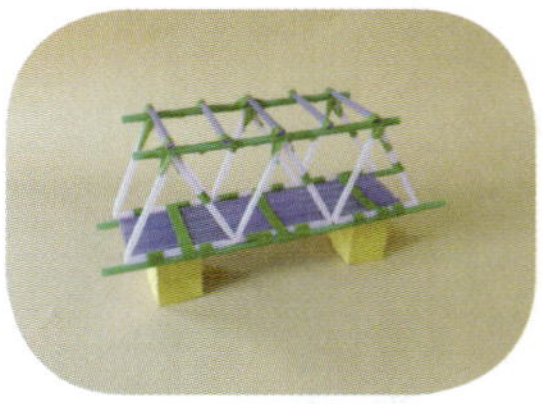

桁架桥模型

的两边，用胶带绑紧固定。剪出数根等长吸管，作为横梁，用胶带粘贴两端，固定在主桁架顶部。

（6）选材组装，制作桥下部结构

选择相同大小的纸盒作为桥墩，将上部结构置于桥墩上，完成桁架桥模型。

方法参考二

（1）修剪组合加长吸管，制作上下弦杆（同方法参考一）。

（2）修剪并对折吸管，制作腹杆。将剪成 16 厘米长的吸管，对折成“M”形。

（3）组合腹杆和上下弦杆，并剪去多余弦杆。用胶带把腹杆和下弦杆绑紧，腹杆间距约 4 厘米，然后再和上弦杆绑紧，剪去多余的弦杆。

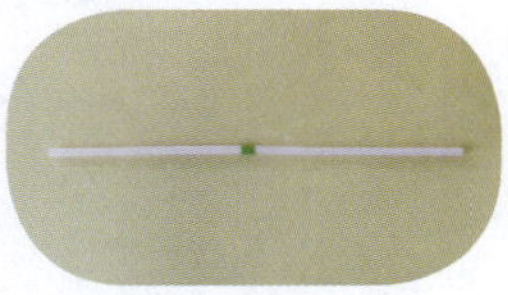
制作长吸管

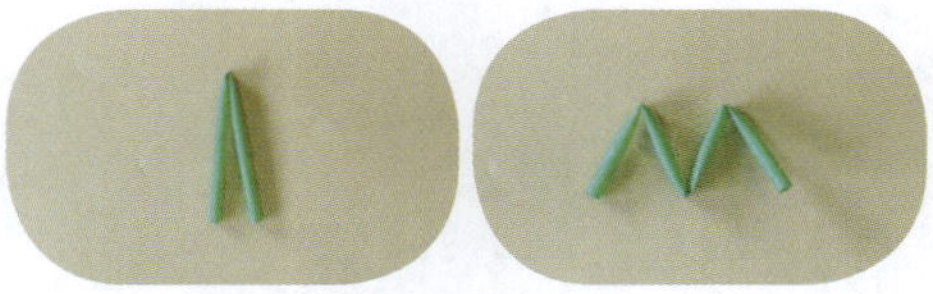
制作腹杆

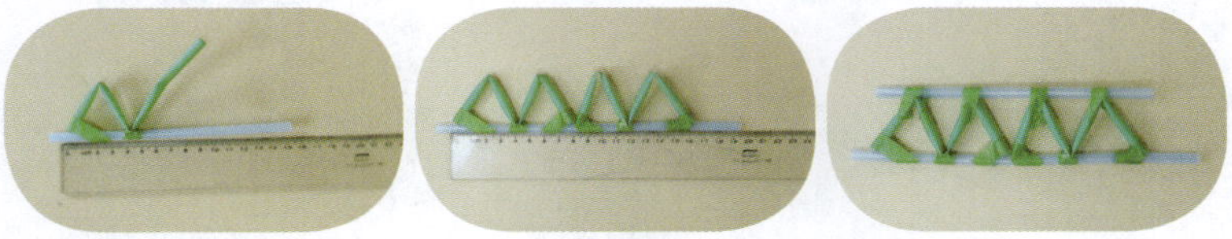
制作桁架

（4）剪裁横梁，连接左右桁架。剪出约 5 厘米长的横梁，先连接左右桁架的上弦杆，再连接下弦杆，完成桁架结构。

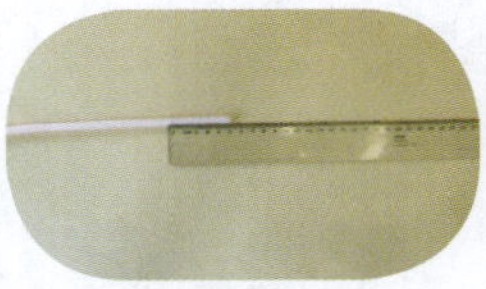
剪裁横梁

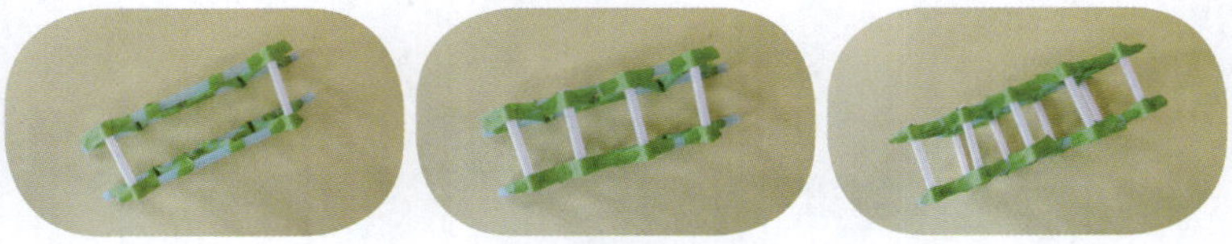
制作桁架结构

小贴士

由不在同一直线上的三条线段首尾顺次连接所组成的平面封闭图形叫作三角形。等边三角形（又称正三边形），为三边长度相等的三角形。

桁架桥中有很多这样的三角形结构，这样的结构是比较稳固的。

继续探究

1. 继续思考：除了制作等边三角形结构作为桥身的基本结构外，还可以制作哪些形状的结构？

2. 继续创作：制作不同样式的桁架桥模型。

知识链接

桁架结构用途广泛，除了运用在桥梁上，也可作为房屋顶部的沉重结构，称为“屋架”。还可将桁架与机械装置相结合，或者采用临时固定的特殊节点，设计出可展开式桁架，让人耳目一新。

活动评价

完成活动任务后，请对自己 / 自己小组的表现进行评价，看看能获得几种颜色的花瓣哟！

如果你是与他人（如同学、老师、家长等）合作完成的，可以点亮中央的小星星哦！

25
活动

手摇取水辘轳井

生活中的发现

手摇式水井又称为“辘[lù]轳[lu]井”，由支架、滚轴、摇杆、井绳、水桶、水井等主要结构共同组成，是一种提取井水的起重装置。《物原》记载：“史佚始作辘轳。”早在公元前1100多年前，中国就已经发明了手摇式水井，到春秋时期开始流行。手摇式水井的出现成为人类利用地下水资源的重要途径，它的应用也与古代农业的发展紧密结合，是古代人民勤劳与智慧的体现。利用一些常见的材料，我们也可以制作一个有趣的手摇式水井模型。

辘轳井

任务要求

认一认：观察手摇式水井的外观，认识支架、滚轴、摇杆、井绳、水桶等基本组成。

选一选：选择适合制作的材料。

做一做：尝试制作一个简易的“手摇式水井”。

我的实践

我的发现

我的猜想

我准备这样做

给你的参考

材料参考

塑料瓶、塑料瓶盖、小木棍、硬纸板、软铁丝、绳子、扎带、儿童剪刀、锥子。

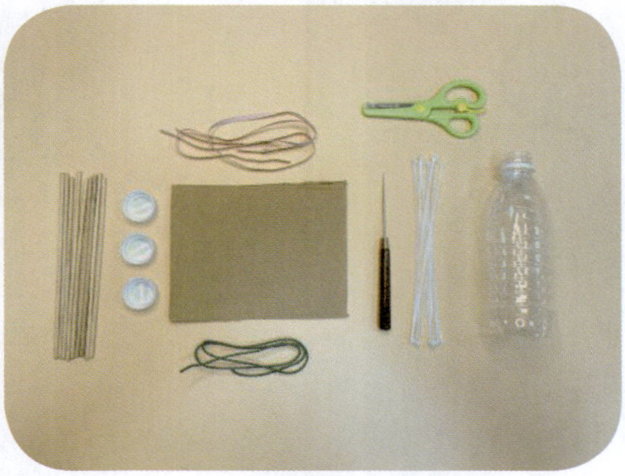

活动材料

视频参考

方法参考

（1）用扎带将 4 根小木棍固定在纸板上，形成一个正方形的水井底座。

（2）搭建水井支架。另取 4 根小木棍，插在底座四周，再用 2 个带孔塑料瓶盖固定双侧木棍，完成水井支架的搭建。

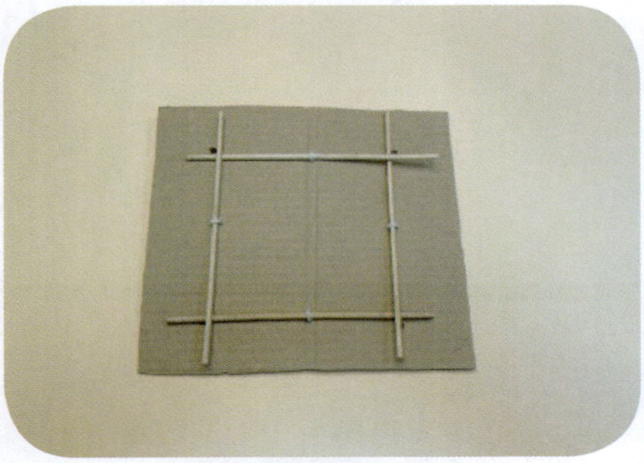

制作水井底座

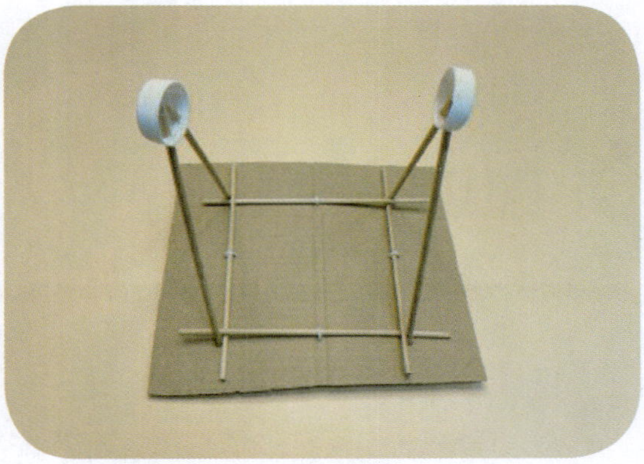

搭建水井支架

（3）制作水井桶。用锥子在一个塑料瓶盖的侧边钻 2 个孔，将软铁丝固定在双侧孔中，形成一个小型水井桶。

（4）用软铁丝穿过水井支架上双侧的带孔瓶盖，并弯折成一个手摇摇杆，将绳子固定在摇杆中用作井绳，再将做好的水井桶绑在绳子上。

（5）剪下一个空塑料瓶的瓶身，用作水井。制作完毕，测试水井性能。

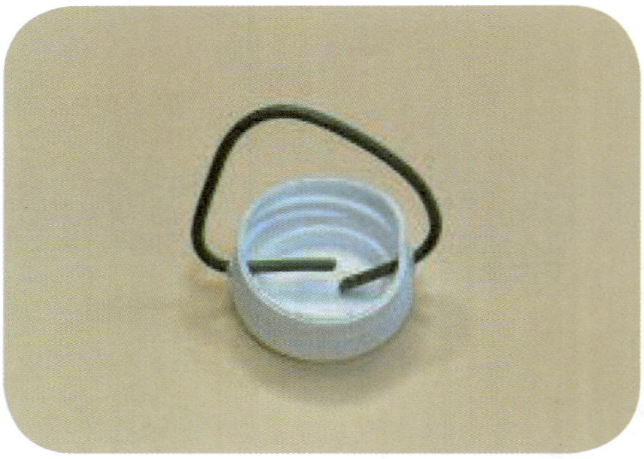

制作水井桶

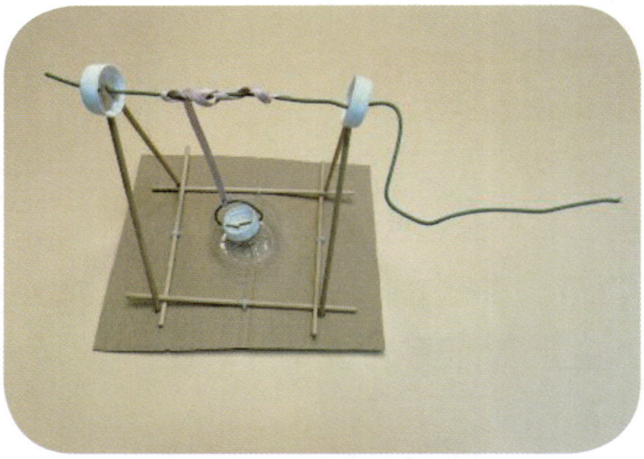

手摇式水井模型成品

小贴士

手摇式水井就是一种利用轮轴和杠杆原理的汲水工具。将井绳缠绕在滚轴上，转动摇杆，水桶就可以被轻易提起来了。它属于一种省力机械。

锥子尖锐，钻孔时要注意安全。本实验须在成人陪护下完成。

继续探究

继续思考：想一想生活中还有哪些省力机械的应用？
继续尝试：如果转动摇杆时水桶不能上升，尝试找出原因并改进。
继续创作：装饰改进你的手摇式水井，让其更加美观、牢固。

知识链接

天平、剪刀、开瓶器等工具的使用也利用了杠杆原理，类似这种简单机械的运用，生活中处处可见。例如升旗装置、手摇式升降晾衣架、起重机等属于滑轮的应用；弯曲的盘山公路、城市中的无障碍通道、传送带体现了斜面的应用；汽车方向盘、水龙头、门把手属于轮轴的应用。简单机械的应用大大节省了人力，提高了生产效率，对人类社会的发展与进步起到了十分重要的作用。

无障碍通道

水龙头

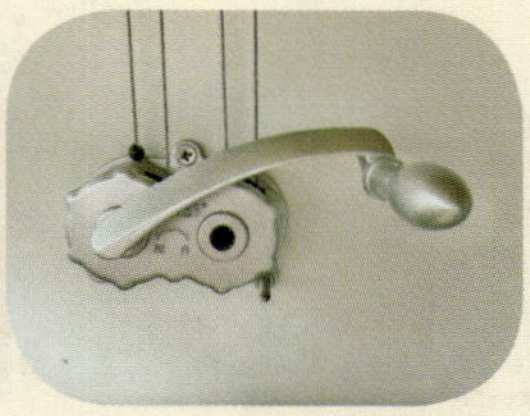

手摇式升降晾衣架

活动评价

完成活动任务后，请对自己 / 自己小组的表现进行评价，看看能获得几种颜色的花瓣哟！

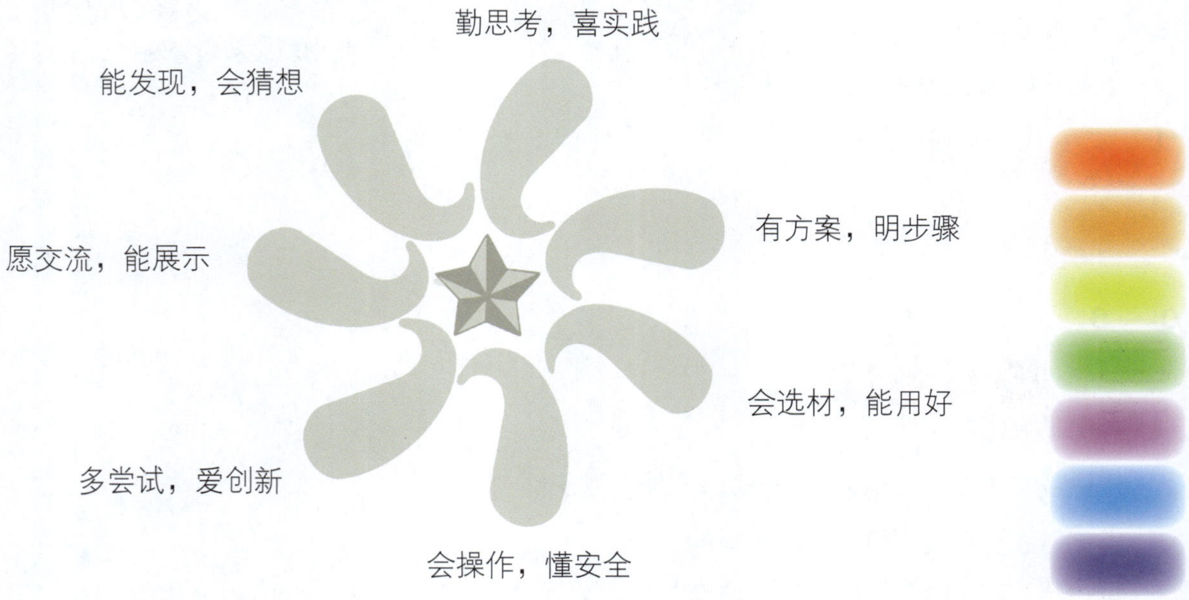

如果你是与他人（如同学、老师、家长等）合作完成的，可以点亮中央的小星星哦！

26 活动

时钟玩具这样做

生活中的发现

生活中常会产生很多废旧材料，其中不少都可以回收再利用。我们也可以动动双手，将废旧材料改造成我们喜欢的物品，如用塑料袋和吸管制作装饰品。今天就让我们把生活中的一些废旧材料，改造成一款玩具钟吧！

废旧材料

用塑料袋和吸管制作的花束

任务要求

找一找：寻找可以用来制作玩具钟的废旧材料。

做一做：利用废旧材料制作玩具钟。

玩一玩：我报时间，你能将玩具钟的指针调到对应的位置吗？

我的实践

我的发现

我的猜想

我准备这样做

给你的参考

材料参考

废旧材料（如一次性纸盘、EVA 材料、瓦楞纸、彩色卡纸等）、记号笔、尺、剪刀、双面胶、打孔机、锥子、双脚钉等。

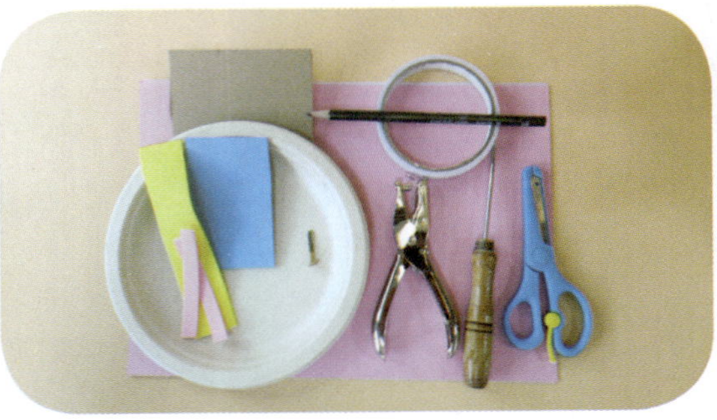

活动材料

视频参考

方法参考

（1）选择材料，标记钟点位置

使用一次性纸盘作为钟面，借助圆形卡纸，在纸盘中标记中心和正上端、正下端、最左端、最右端四个标准点位置。

标记四个标准点位置

（2）制作贴纸，确定小时刻度

用折卡纸的方法帮助找到均匀分布的小时刻度位置。用剪刀将 EVA 材料剪出 12 个小块，再用双面胶将 EVA 小块粘贴在钟面边缘 1 ~ 12 小时刻度位置。（注意将 12、6、9、3 四个数字分别贴在正上端、正下端、最左端、最右端四个标准点位置。）

确定小时刻度

（3）设计外形，制作时钟指针

在白纸或 EVA 材料上设计时钟指针的外形，选用合适的材料进行制作。（如用剪刀将 EVA 材料分别剪出时针、分针和秒针，并用打孔机在指针基部打孔。）

（4）连接指针，完善钟面造型

将时针、分针和秒针的打孔端，按从下到上的顺序叠放于圆心，用两脚钉与钟面固定连接。

（5）制作底座，完成玩具钟

选取合适的材料制作底座（如将瓦楞纸对折，绘制剪切线，剪切后打开，形成底座），将玩具钟架在底座上。

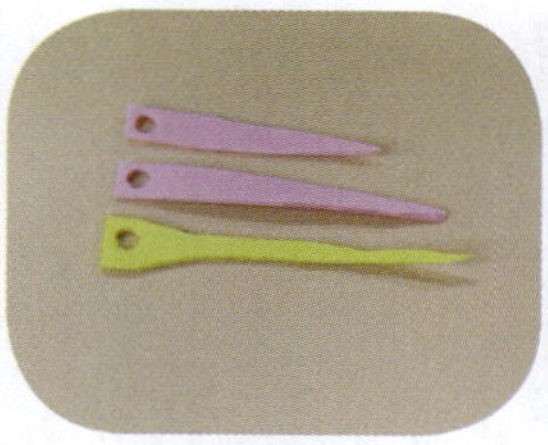

时钟指针

完善钟面造型

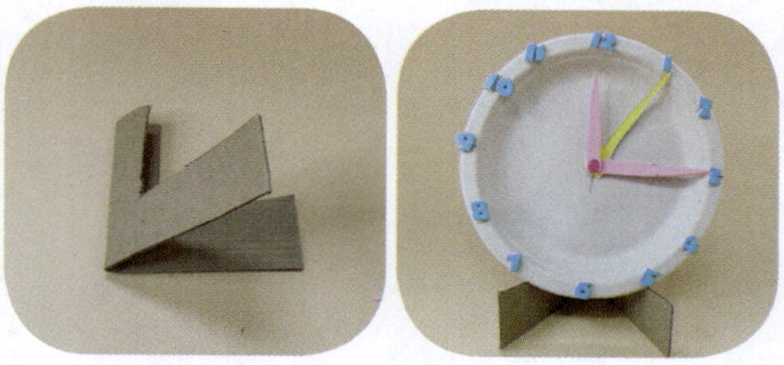

将玩具钟架在底座上

小·贴士

确定圆盘的中心点、最上最下最左最右端及钟面小时刻度位置，用一张卡纸或手工纸就可以做到哟！将卡纸剪成与圆盘相同大小的圆形，然后将圆形卡纸对折，放于圆盘上确定“最上最下最左最右端”的位置，然后再对折半圆置于圆盘上，确定圆盘的中心位置。最后将四分之一圆的卡纸进行三等分卷折，沿圆盘中心点和最上端位置对齐摆放，确定小时刻度位置，以此类推沿圆盘一周确定所有小时刻度位置。

继续探究

1. 继续思考：如何将玩具钟改造为可佩戴的手表？

2. 继续寻找：用于制作可佩戴手表的废旧材料。

3. 继续创作：剪切缩小玩具钟的各组成部分，连接上松紧式的表带，改造为一只玩具手表。

知识链接

在日常生活中每天都会产生大量的废旧材料，如使用过的纸张、塑料、织物、金属等。这些材料如果经过合理回收利用，可以发挥新的作用。如废旧玻璃瓶加工后可制成花瓶，洗衣液空桶加工后可制成洒水壶或花盆，食品外包装纸盒与旧衣物组合后可成为收纳箱等。

活动评价

完成活动任务后，请对自己 / 自己小组的表现进行评价，看看能获得几种颜色的花瓣哟！

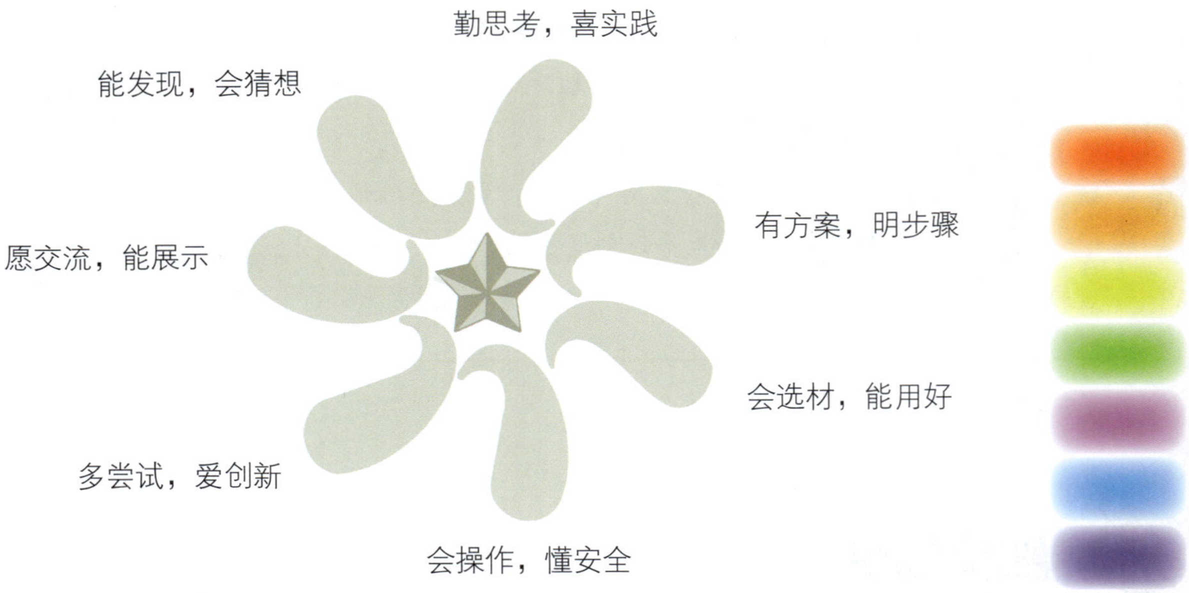

如果你是与他人（如同学、老师、家长等）合作完成的，可以点亮中央的小星星哦！

27 活动

量杯可以简易做

生活中的发现

当我们制作豆浆时，精准控制水和豆子的量有助于提升豆浆的口感；当我们烘焙面包时，准确把握面粉和牛奶的量也能提高面包制作的成功率。如何比较精准地测量水或牛奶的量呢？量杯就可以帮助我们精确量取，它是一种专门用于测量液体体积的工具。生活中量杯的使用无处不在，下面，就让我们利用身边的材料，来自制一个简易量杯吧！

任务要求

认一认：观察量杯的外形特征，认识刻度。
选一选：选择合适的制作材料。
做一做：利用材料制作一个生活版的 400 毫升容量的量杯。

我的实践

我的发现

我的猜想

我准备这样做

给你的参考

材料参考

透明塑料瓶、量杯、记号笔、直尺、儿童剪刀。

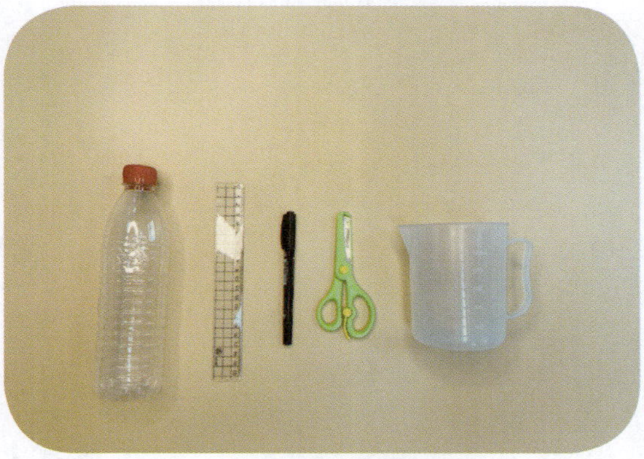

活动材料

视频参考

方法参考

（1）在塑料瓶身上画一条竖线。用量杯取 400 毫升水，将水全部倒入塑料瓶中，在竖线上找到水面位置，标记为 400 毫升刻度。

在瓶身上画一条竖线

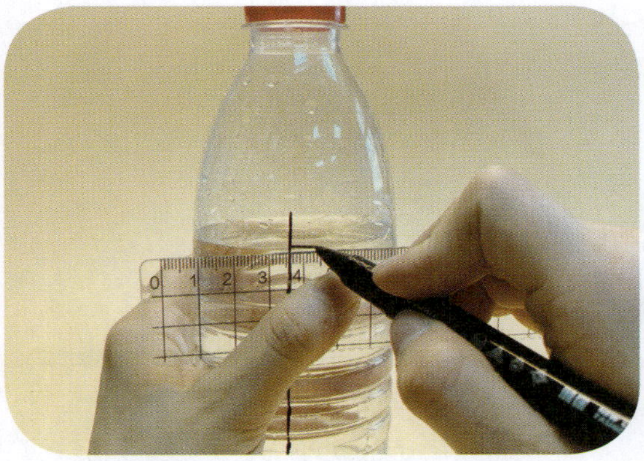

在瓶身上标记 400 毫升刻度

（2）将水从塑料瓶中倒出，将塑料瓶口剪掉（剪至 400 毫升刻度线之上即可），瓶身待用。

（3）量杯取 100 毫升水倒入塑料瓶中，标记 100 毫升刻度。

（4）量杯依次取 200 毫升水、300 毫升水倒入塑料瓶中，分别标记为 200 毫升刻度和 300 毫升刻度。一个容量为 400 毫升的量杯就制作完成了。

将瓶口剪掉

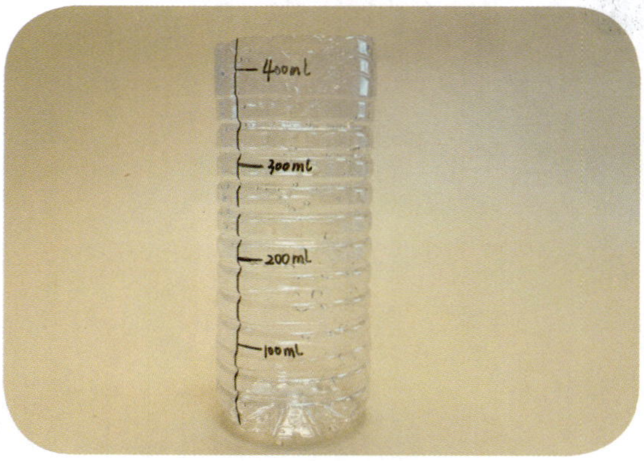

简易 400 毫升量杯

小贴士

在塑料瓶身标记刻度时，一定要平视水面。量杯在使用前必须清洗，干燥后放平，然后将溶液注至略高于所需容量的刻度线上，再慢慢倒去多余部分，至溶液的弯月面下缘恰与所需容量的刻度线水平，即为所需计量之容量。

使用剪刀时，注意安全。

继续探究

1. 继续思考：你做的量杯的刻度是均匀分布的吗？为什么会出现刻度分布不均匀的现象呢？

2. 继续尝试：利用玻璃容器制作一个家用版量杯。

3. 继续创作：制作 100 毫升、500 毫升、1 000 毫升等不同量程的量杯。

知识链接

常见的量杯属于计量用量杯，可分为左执式和右执式两种型式。量杯被广泛应用于科研、高校、医疗卫生等单位的化验室中，用于量取不同体积的液体。量杯一般有塑料和玻璃两种材质，量杯的外形一般是一个上大下小的圆台体，杯身有刻度，且刻度分布不均匀，刻度间距越向上越小。当我们在量取液体时，需要选择合适量程的量杯。值得注意的是，量杯不能用于长时间贮藏液体，也不能作为反应容器。

活动评价

完成活动任务后，请对自己/自己小组的表现进行评价，看看能获得几种颜色的花瓣哟！

如果你是与他人（如同学、老师、家长等）合作完成的，可以点亮中央的小星星哦！

28
活动

挑战自制小杆秤

生活中的发现

你有没有见过传统的杆秤？它由木制的带有秤星的秤杆、金属秤锤、秤盘、秤纽等组成。看起来古老，但可别小瞧它，它凝聚了中国劳动人民的智慧，已被列入陕西省非物质文化遗产名录。接下来，让我们了解杆秤的组成，利用身边材料，来做一把简易杆秤吧！

杆秤

任务要求

查一查：查阅杆秤的组成部分。

找一找：寻找身边可以制作杆秤的材料。

做一做：制作简易杆秤。

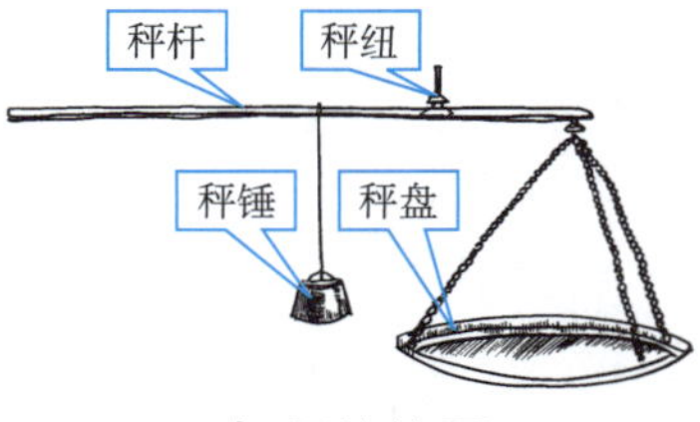

杆秤结构图

我的实践

我的发现

我的猜想

我准备这样做

给你的参考

材料参考

秤锤（如小饰品、螺帽）、秤盘（如塑料杯、盒盖、药瓶盖）、秤杆（如一次性筷子）、棉线、针、橡皮泥、剪刀、砂纸、尺、砝码、镊子、记号笔等。

视频参考

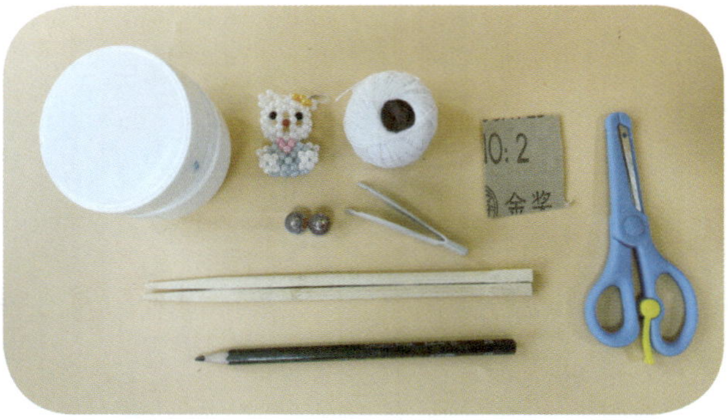

活动材料

方法参考

（1）打磨秤杆，定位连接秤纽

选择一根木筷，用砂纸打磨光滑，并在较粗的那端绑上提纽。

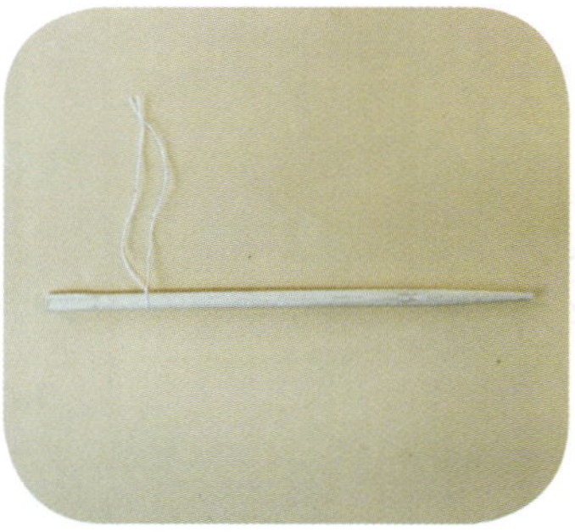

秤杆和秤纽

秤锤

（2）制作秤锤，悬挂于秤杆

用棉线穿过小饰品，并在棉线顶端收拢打结，悬挂在秤纽后方的秤杆上。

（3）制作秤盘，挂于提钮前

选择材料作为秤盘。如选择瓶盖，在瓶盖口上方打三个孔，穿入棉线。棉线上端收拢打结，挂在提纽前方。

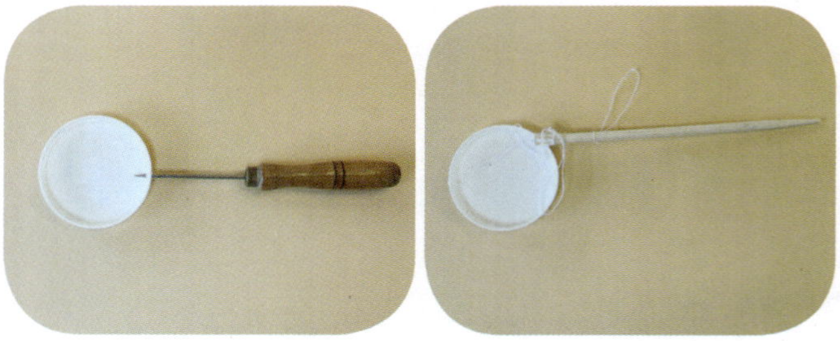

制作称盘

（4）移动秤锤，确定起始刻度

秤盘空置，手提秤纽，左右移动秤锤和秤盘，使秤杆平衡，固定秤盘所在位置，将秤锤线悬挂在秤杆的位置标记为秤杆的起始刻度（零刻度）。

标记零刻度

（5）称量物品，确定其他刻度

秤盘内放置 10 克砝码，手提秤纽，左右移动秤锤，使秤杆平衡，秤锤线悬挂在秤杆的位置标记为秤杆的 10 克刻度。在秤盘里再放置 10 克砝码，以此类推，在秤杆上标记 20 克刻度、30 克刻度等等。

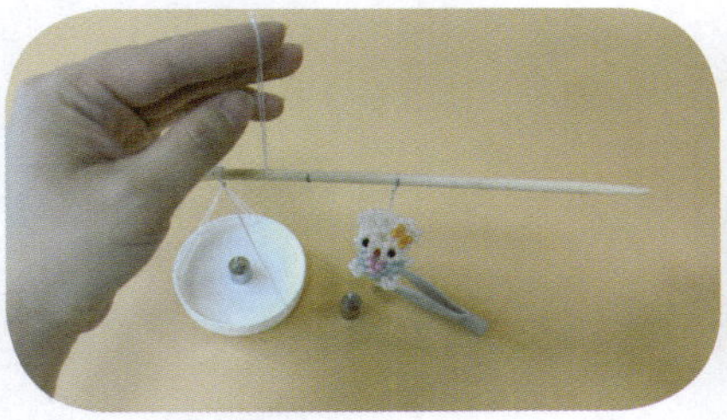

标记杆秤刻度

小贴士

将棉线穿过秤盘的三个小孔，打结扎紧时，要避免秤盘倾斜。每次使用前需要进行初步的平衡调试，将秤锤放在秤杆零刻度时，如果发现秤杆尾部下垂，可在秤盘底部粘贴适当橡皮泥等重物，直至杆秤平衡后再使用它进行称重。

继续探究

1. 继续思考：如果做一个简易天平，需要增加哪些部件，可以用什么材料来制作？

2. 继续尝试：添加秤盘、支架等，适当进行改造，做成一个简易天平。

知识链接

杆秤制作轻巧，使用便利，千百年来曾作为商品流通的主要度量工具，活跃在我国大江南北。随着科技的发展，电子秤已逐步取代了老式杆秤，新工具越来越智能，测量误差小，如家用体重电子秤、厨房用的高精度台式电子秤、电子秤量勺等。但传统杆秤的制作工艺，凝结着东方智慧与精巧技艺，拥有丰富的人文内涵。

活动评价

完成活动任务后，请对自己 / 自己小组的表现进行评价，看看能获得几种颜色的花瓣哟！

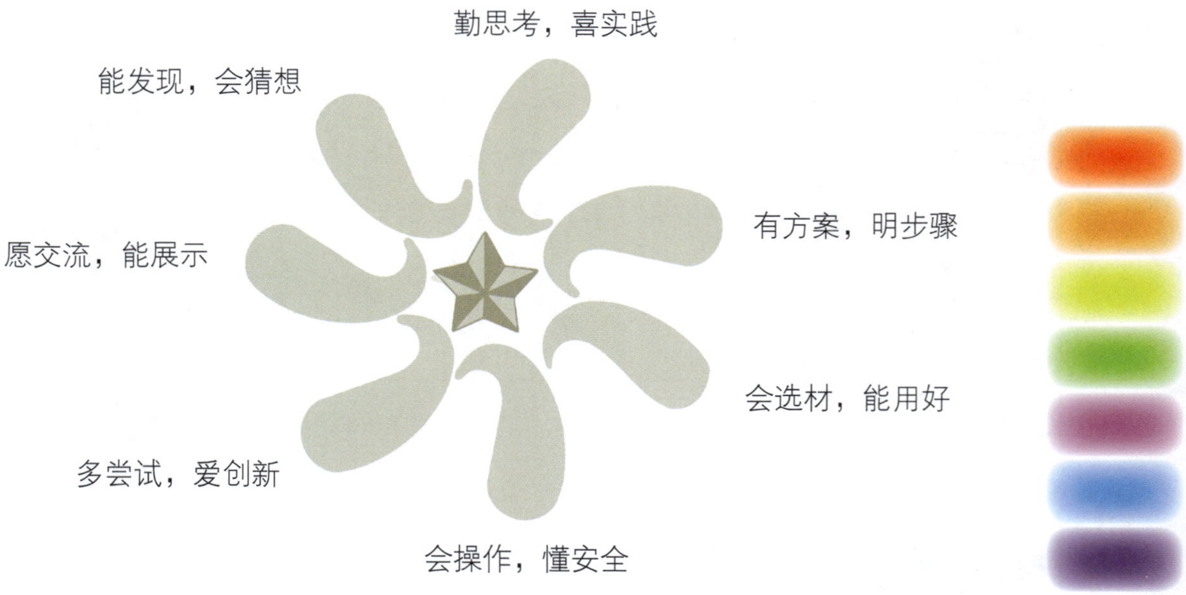

如果你是与他人（如同学、老师、家长等）合作完成的，可以点亮中央的小星星哦！